"Los retos a los q[ue se enfrenta la juventud hoy son] muy diferentes a [los de generaciones anteriores,] pero Dios sigue si[endo el mismo]. Manny Montes es un ejemplo de un joven que utiliza el talento que Dios le ha dado para cautivar el corazón y la mente de todo aquel con quien él entra en contacto, y hacerle descubrir el propósito de Dios para su vida. El autor es capaz de transmitir lo cotidiano de una forma extraordinaria y relevante. Este libro presenta grandes verdades espirituales respaldadas por una vida de testimonio de fe, carácter e integridad."
— Pastor Otoniel Font
Autor de *De un sueño al palacio*

"Conocía la música de Manny Montes, pero no al amigo, al joven sencillo, transparente, de carácter firme, comprometido con su familia, con su barrio y, sobre todo, con Dios. Compositor, cantante y poeta, ahora escritor de un libro, demuestra que no necesariamente son las circunstancias que nos rodean las que dictan el rumbo de nuestra vida, sino la confianza en Aquel que nos fortalece: Cristo. Este libro será una herramienta que bendecirá, edificará y consolará tu vida. ¡Disfrútalo!

Manny, te ama tu amigo, cantante de salsa."
— Ismael Miranda

"Te felicito, Manny, por este trabajo; será un aporte invaluable para los lectores. Gracias por tu ayuda en nuestros eventos. He visto cómo tu vida ha inspirado a muchos jóvenes acercarse y comprometerse con el Señor. Espero que Dios te siga abriendo puertas junto a tu familia. Los que trabajamos y creemos en la juventud, consideramos que eres un recurso de Dios para bendecir a nuestros muchachos en Latinoamérica, y tenemos esperanza en tu vida como parte de una generación de relevo poderosa en Dios.

Con afecto y aprecio,"

— Dr. Pastor Sergio Belart
Córdoba, Argentina

CORAZÓN ABIERTO

CORAZÓN ABIERTO

MANNY MONTES

CASA
CREACIÓN

La mayoría de los productos de Casa Creación están disponibles a un precio con descuento en cantidades de mayoreo para promociones de ventas, ofertas especiales, levantar fondos y atender necesidades educativas. Para más información, escriba a Casa Creación, 600 Rinehart Road, Lake Mary, Florida, 32746; o llame al teléfono (407) 333-7117 en Estados Unidos.

Corazón abierto por Manny Montes
Publicado por Casa Creación
Una compañía de Charisma Media
600 Rinehart Road
Lake Mary, Florida 32746
www.casacreacion.com

No se autoriza la reproducción de este libro ni de partes del mismo en forma alguna, ni tampoco que sea archivado en un sistema o transmitido de manera alguna ni por ningún medio –electrónico, mecánico, fotocopia, grabación u otro– sin permiso previo escrito de la casa editora, con excepción de lo previsto por las leyes de derechos de autor en los Estados Unidos de América.

A menos que se indique lo contrario, el texto bíblico ha sido tomado de la versión Reina-Valera © 1960 Sociedades Bíblicas en América Latina; © renovado 1988 Sociedades Bíblicas Unidas. Utilizado con permiso.

Edición por: Ofelia Pérez
Diseño de la portada: Justin Evans

Foto tomada por: Javier David Montalvo
Director de diseño: Bill Johnson

Copyright © 2012 por Emmanuel Rodríguez Rodríguez
Todos los derechos reservados

Visite la página web del autor:
www.mannymontesonline.com

Library of Congress Control Number: 2012937315
ISBN: 978-1-61638-811-9
E-book ISBN: 978-62136-110-7

12 13 14 15 * 5 4 3 2 1
Impreso en los Estados Unidos de América

Corazón abierto es un libro que escribí pensando en ti. Está compuesto por 21 reflexiones diarias y dinámicas, donde cuento mis vivencias y experiencias fuera de los escenarios. Su fácil lectura hace que lo puedas leer en un período de tres semanas, una reflexión por día.

Mi oración es que este libro se convierta en tu propio diario interactivo, donde puedas tener una conversación personal y directa conmigo. Quiero que conozcas más de cerca lo que está en mi corazón sobre situaciones nunca antes habladas y que comparto contigo en estas páginas.

Te invito a que me acompañes en este viaje que cambiará tu vida.

A *corazón abierto*, tu amigo,

Manny Montes

AGRADECIMIENTOS

Agradezco a mi Dios amado, quien me escogió para ser un producto de su maravillosa gracia.

A mi esposa Xiomara, mi ayuda idónea, gracias por sostenerme y animarme cuando lo necesito. Sin ti este libro nunca hubiera sido una realidad.

A mi hijo Emanuel David, mi motor para continuar adelante sin mirar atrás.

A mis padres Edwin y Myriam y a toda mi familia, por siempre creer en mí.

A Josué Velázquez y Melvin Figueroa por su valiosa amistad.

A Jesenia Albaladejo por ayudarme en la corrección de mis escritos.

A mi pastor Ángel Molina por ser un modelo a seguir y un ejemplo de motivación para alcanzar grandes cosas.

Y a todas esas personas "Afueguember" que de una u otra manera manera han puesto su granito de arena, ¡gracias!

ÍNDICE

Introducción..........................xv
1. *True ID*........................... 1
2. Comprende el propósito..................7
3. Atrapado en necesidades efímeras........13
4. Perdón, lo siento......................19
5. Mi escenario........................25
6. *Spiderman* 31
7. ¿Cuál es tu plan?.....................37
8. ¿Cómo puedes identificar tus talentos?.....43
9. Activa tus dones y talentos 47
10. Adoración extrema y locura radical........53
11. El maratón 59
12. Cualidades útiles.....................67
13. Mi música..........................73
14. Pelea la batalla de la fe 79
15. *Army*............................ 85

16. Nunca me abandonaste 89

17. ¡Tú puedes! 95

18. Corazón genuino........................101

19. Alabanzas o Quejabanzas 107

20. Profecías 115

21. Todo obra para bien 123

    Palabras finales: Se busca un joven 129

    Oración de salvación 133

    Apéndice: Mis contestaciones............135

    Para contactar al autor..................139

INTRODUCCIÓN

CADA DÍA ES mucho más visible la necesidad que tienen nuestros jóvenes de afecto, de comprensión y de un modelo confiable al que puedan seguir que los ayude a crecer, a madurar y a cumplir el propósito para el cual fueron creados, más allá de las presiones diarias que enfrentan en el mundo. La realidad que los jóvenes viven hoy día es mucho más compleja que hace años atrás y de lo que a veces pensamos. Esta realidad está en un constante cambio. Lo que hoy ellos consideran como su realidad de vida, mañana cambia trayéndoles confusión y desesperación, ya que no están preparados para enfrentarla.

En esta etapa de la adolescencia y la juventud es donde se van formando la identidad y el carácter. Los jóvenes quieren saber y establecer quiénes son y para qué han sido creados. Pero esta identidad a veces es distorsionada por las situaciones que atraviesan, por comentarios de familiares, amigos o personas que los rodean, y que los llevan muchas veces a tomar el rumbo equivocado para su vida.

Debemos entender que nuestros jóvenes se

encuentran viviendo entre dos realidades: la del mundo y la del Reino de Dios. Si logramos comprender este conflicto, podremos abordar sus vidas de una manera eficaz y ayudarlos a que conozcan y entiendan quiénes son. Son hijos e hijas de un Dios poderoso que los creó y les dio vida para que cumplieran un propósito aquí en la Tierra y expandieran su Reino. Debemos presentarle a un Dios de amor, a un Dios que no los va a castigar, a un Dios que no está interesado en los errores que ellos cometan; a un Dios que está enfocado en su futuro y que ya vio que el final de ellos nada tiene que ver con lo que están viviendo en estos momentos.

Los jóvenes necesitan descubrir cuál es su proyecto de vida. Necesitan conocer cuál es su historia y no me refiero a la historia que sus padres o familiares puedan decirle. Me refiero a la historia que Dios ya escribió para ellos en la eternidad. Al conocer lo que Dios quiere para ellos, podrán entender para qué fueron creados, y tener una verdadera identidad.

El propósito de este libro es que los jóvenes conozcan a Dios de una manera diferente; que conozcan a un Dios que los ama y que prefirió entregar a su único hijo para que muriera por amor a nosotros. Este Dios tan maravilloso ha depositado

Introducción

en ti un llamado, unos dones y unos talentos para que tú los desarrolles y los utilices para establecer su Reino. Es tu deber conocer cuál es tu llamado y cuáles son esos dones y talentos que Él te regaló. Cada uno de nosotros es una pieza clave e irrepetible en el plan de Dios. Tú fuiste creado de una manera única. Fuiste creado a su imagen y semejanza. Fuiste creado para adorar y vivir siempre en su presencia.

En nuestro caminar con Dios y como creyente, no todo es color de rosa. Vendrán a tu vida dificultades y situaciones que muchas veces te harán dudar, pero tienes que entender que en medio de esas situaciones, Dios nunca te abandona. Él siempre está contigo. Cuando tú crees que ya es muy tarde para conocerle, Él está con los brazos abiertos, listo para recibirte y darte su amor. Todas estas situaciones que se te presentan no pueden hacer que tus sueños se desvanezcan. Al contrario, esta es la herramienta que utilizará Dios para formarte y llevarte a otra dimensión en la que puedas recibir y disfrutar de todas sus bendiciones. Solo tienes que tener compromiso, carácter, pasión, visión y, sobre todo, ser perseverante.

¡Joven, atrévete a conocer el amor de Dios en otra dimensión y vivir para Él!

¿QUÉ ES "AFUEGUEMBER"?

A lo largo de este libro, te vas a encontrar con la palabra "afueguember". Ser "afueguember" es estar extremadamente en el fuego de Dios. Aquí les voy a nombrar algunas formas de pensar y estar "afueguember".

- Esta palabra se origina en mi barrio. La inventé. No existe en el diccionario de la Real Academia Española. La digo así, "afueguember", para que mis amigos puedan entender, pasándola chévere o bueno cuando estamos sirviendo a Dios.
- Ser "afueguember" es una manifestación de júbilo y gozo con la Palabra de Dios.
- Me gusta oír a los cantantes del género urbano secular decir que están "afueguember" porque están declarando Palabra de Dios a sus vidas, sin saberlo.
- Tengo una canción. La titulé "Afueguember, esto está encendío".
- Ser "afueguember" define "está carteludo" en Venezuela, "vacano" en Colombia, "repiola" en Argentina, y en Puerto Rico se dice "Mi Cristo está 'afueguember'".

DÍA 1

Día 1

TRUE ID

"Todo me es lícito, pero no todo conviene; todo me es lícito, pero no todo edifica" (1 Corintios 10:23).

No sé si tal vez te encuentras sin rumbo, perdiste tu originalidad o simplemente te conformaste con ser una copia. La falta de interés en cuidarte a ti mismo ha decaído por querer parecerte a alguien, imitando la moda, a tus amigos, a los artistas o simplemente lo que te muestran en los medios de comunicación de cómo los jóvenes deben ser. Quiero que te aprendas este texto bíblico: *"todo me es lícito, pero no todo conviene; todo me es lícito, pero no todo edifica"* (1 Corintios 10:23).

Dios te creó y te formó como una pieza irremplazable en este mundo. Podrás ser indispensable, pero no reemplazable en lo que Dios determinó para ti. Te formó, te creó y te moldeó como un hijo(a) único en el planeta Tierra. Los gemelos idénticos tienen la misma constitución genética, poseen el mismo tipo de sangre y se parecen enormemente entre sí en cuanto a sus características físicas, psicológicas y mentales, pero cada cual tiene su propia manera de pensar, sus gustos y toma sus decisiones como ser individual.

Me preocupa que esta generación sea manipulada y no se desarrollen en lo que Cristo diseñó para ellos; en su plan y su propósito. La encomienda que Dios le otorga a cada ser humano es única. El trayecto puede ser difícil. Esto lo podemos ver en nuestros antepasados y en los héroes de la Biblia. Todos tuvieron que enfrentar diferentes situaciones a través de su vida. Vemos a un Job que de toda la abundancia que le rodeaba se llegó a quedar sin familia y sin nada, simultáneas condiciones de salud le acosaban, y hasta llegó a perder las esperanzas y la fe. Dentro de él sabía que existía algo muy bonito que le susurraba: "Persiste y lucha por lo que Dios depositó en ti".

Muchas personas y amigos te criticarán. Tendrás confrontaciones y sentirás que estás en contra de la corriente *"Porque muchos son llamados, y pocos los escogidos"* (Mateo 22:14). Solo tú sabes la visión que Dios depositó en tu vida. Solo tú puedes defenderla y entenderla. No pierdas el panorama y la dirección de una vida llena de propósito porque fuiste creado para ser un vencedor. No te distraigas en tonterías y busca más de la Palabra, para que puedas entender y tengas claro el panorama de lo que Dios tiene preparado para ti. Cuando naciste, fuiste creado como una pieza única, original. No pienses pasar por la vida terminando como una copia.

True Id

Pega tu fotografía aquí.

Naciste para realizar un papel estelar en tu vida. Sé protagonista del cambio en el ambiente que te rodea, compartiendo lo que Dios hizo por ti y lo que Dios puede hacer por ellos. ¡Sé original; no una copia!

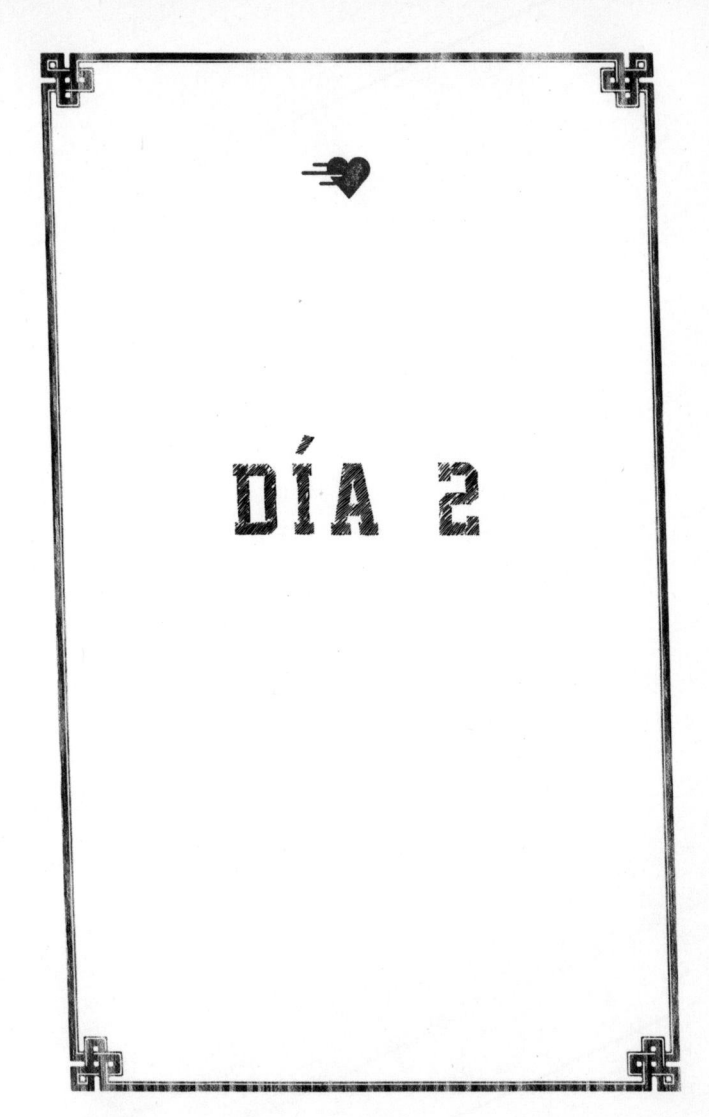

DÍA 2

Día 2

COMPRENDE EL PROPÓSITO

En los años que llevo perseverando en el Señor, se me han acercado personas profetizando visiones que Dios tiene separadas para mí. Algunas ya las he visto y hay otras que estoy por ver. Esto se llama fe. Si soy honesto con ustedes, una de las profecías es la del pastorado. Yo no aceptaba la idea de ser pastor en un futuro. Sentía que me quedaba grande este nombre; de nada más pensarlo, se me erizan los pelos. Para el año 2007, estuve presente en un congreso de líderes y pastores en Orlando, Florida, y un profeta reconocido a quien admiro, Basilio Patiño, me profetizó lo siguiente: "Que iba a ser en mi futuro como un árbol robusto que daba sombra a otros y que me veía montado en un caballo blanco, cabalgando en batalla como líder de frente de guerra". Simultáneas veces me han profetizado cosas parecidas.

Querido hermano(a), quiero decirte que desde

mi infancia me subestimaron y menospreciaron, muchas veces por el lugar donde nací y me crié. Este lugar es uno de los barrios más pobres del pueblo de Aguadilla, Puerto Rico, y vengo de una familia que no tenía muchos recursos, pero es honesta. Estas circunstancias no me limitaron para ver más allá de lo que podía alcanzar en otras áreas, no solo como cantante. En Cristo he podido entender que no hay nada imposible y que si Dios es el que te llama, te va a respaldar cien por cien. Llevo años en el ministerio y mi vida ha dado un giro de 180 grados. Acabo de realizar mi décima producción y solo tres de las producciones son de mi autoría como solista. Las demás producciones son de varios artistas y colegas del género.

¿Qué estoy tratando de decir? Que ya, sin darme cuenta, estoy ejerciendo mi llamado de pastor, pero pastor en la música. Dios está preparando mi camino hasta posicionarme en mi llamado y así lo hará contigo, joven. Hablando con mi esposa, le comenté que los géneros musicales del *reggaetón* y *rap* son fuertes por las experiencias que pasas; déjame explicarme mejor. En la posición que Dios escogió ponerme, tengo la oportunidad de estar más cerca de los jóvenes. Al tener esta relación directa con ellos, puedo observar a una generación

Comprende el propósito

que está enferma mentalmente. Estamos perdiendo nuestros valores y aún siendo cantante cristiano, en el ministerio me he tenido que enfrentar a mentiras, envidias por parte de compañeros, traiciones y otras acciones de personas que están mal ubicadas por las motivaciones de su corazón.

Joven, aunque te hayas enfrentado a situaciones como estas, te exhorto a que no dejes que destruyan lo que es tu esencia. Siempre sé tú mismo dondequiera que vayas. Mi esencia es ayudar a los demás. Mi ayuda es incondicional y desinteresada para los compañeros del género musical. Mi madre me enseñó que cuando hiciera las cosas, las hiciera de corazón sin esperar nada a cambio porque Dios conoce las motivaciones del corazón y nos honra y bendice. Estas situaciones me han ayudado a madurar. Actualmente estoy ayudando a otros colegas del género a expandir la Palabra en mi próxima producción discográfica titulada *United Kingdom 2*. Sé que al pasar de los años, esa palabra que me dijeron, que sería pastor de mi propia iglesia, se cumplirá porque ya Dios lo dijo. Ya tengo hasta el nombre que le pondré, pero los dejaré con la expectativa.

Amigo(a), quiero decirte que aunque personas te quieran marcar con una etiqueta que no es la tuya, escucha la voz de tu alma. Cierra los oídos para la palabra que no edifica tu vida porque si no lo haces, eso te llevará a la confusión. Si no reaccionas a tiempo, culminarás en el abismo. Dios va a depositar en ti una Palabra y una función específica que marcará tu vida y la de otros positivamente. ¡Prepárate para hacer la diferencia!

Desafío

¿Qué Palabra Dios te dio en aquel momento, que la guardaste y le hiciste caso omiso? Es tiempo de recapacitar, actuar y restaurar tu corazón para que se cumpla en ti tu llamado y el propósito para el cual Dios te creó.

_____
_____
_____
_____
_____
_____

DÍA 3

Día 3

ATRAPADO EN NECESIDADES EFÍMERAS

"Y ahora permanecen la fe, la esperanza, y el amor, estas tres: pero la mayor de ellas es el amor" (I Corintios 13:13).

HAY TANTOS JÓVENES que van por el mundo sin identidad, buscando llenar el gran vacío que existe en sus corazones. Los medios de comunicación como la televisión, radio y la Internet son manipulados por personas de la alta sociedad, a quienes lo único que les importa es llenar más y más sus bolsillos, inundando de basura la mente de los jóvenes y creando en ellos una gran necesidad. La interrogante es: ¿Qué te hace falta para ser feliz: una computadora, un PlayStation, un ipod, un carro último modelo, alcohol, drogas o más dinero? La realidad del asunto es que el ser humano fue hecho a la imagen y semejanza de Dios (Génesis 1:26 parafraseado) y aunque pueda tener todo lo que el mundo le ofrezca, hay una parte en nuestro corazón que sólo lo llena el maravilloso amor de Dios.

Cuando a mis 17 años de edad me aparté del camino de Dios, traté de satisfacer esa necesidad con muchas cosas en el mundo, pero estas cosas materiales solo me hacían sentirme bien por un momento. Era un gozo efímero y luego me sentía en el mismo desierto y en la misma soledad. Andaba sin sentido por la vida. La verdad es que nada, absolutamente nada de lo que me ofrecía el mundo pudo llenar el amargo vacío de mi corazón; solo el amor de Dios. Tal vez no hayas tenido el amor de tus seres más cercanos y eso te ha obligado a satisfacer esa necesidad que hay en ti, haciendo cosas incorrectas. Déjame decirte, amigo(a), que hay uno, que no importa en el estado en que te encuentres, te ama tanto y tanto, que dio a su único hijo por ti y por mí cuando no lo merecíamos. Él te ama, te ama, te ama. Su amor nada tiene que ver contigo ni con la condición en la cual estás. Tiene que ver con quién es Él porque Él es la expresión máxima del amor.

Reflexión

No sé cuál de las necesidades que te pueda mostrar el mundo te está impidiendo cumplir el propósito para el cual Dios te creó. Con mis humildes palabras, quiero expresarte que todo lo que te pueda presentar el mundo no podrá llenar tu vida más que el amor de Dios. Vive una vida consagrada a Dios y verás cómo sanarán tus heridas sin que nadie pueda lastimarlas ni volverlas a abrir. Él te ama como nadie en este mundo te podrá amar. Si no tienes a Dios en tu vida o te has apartado un poco de Él, te exhorto a que busques un rincón de tu hogar donde nadie te pueda ver, y comiences una conversación de tú a tú con Dios. Él te espera y te contestará muchas de tus interrogantes.

Te deseo lo mejor,
Manny Montes

DÍA 4

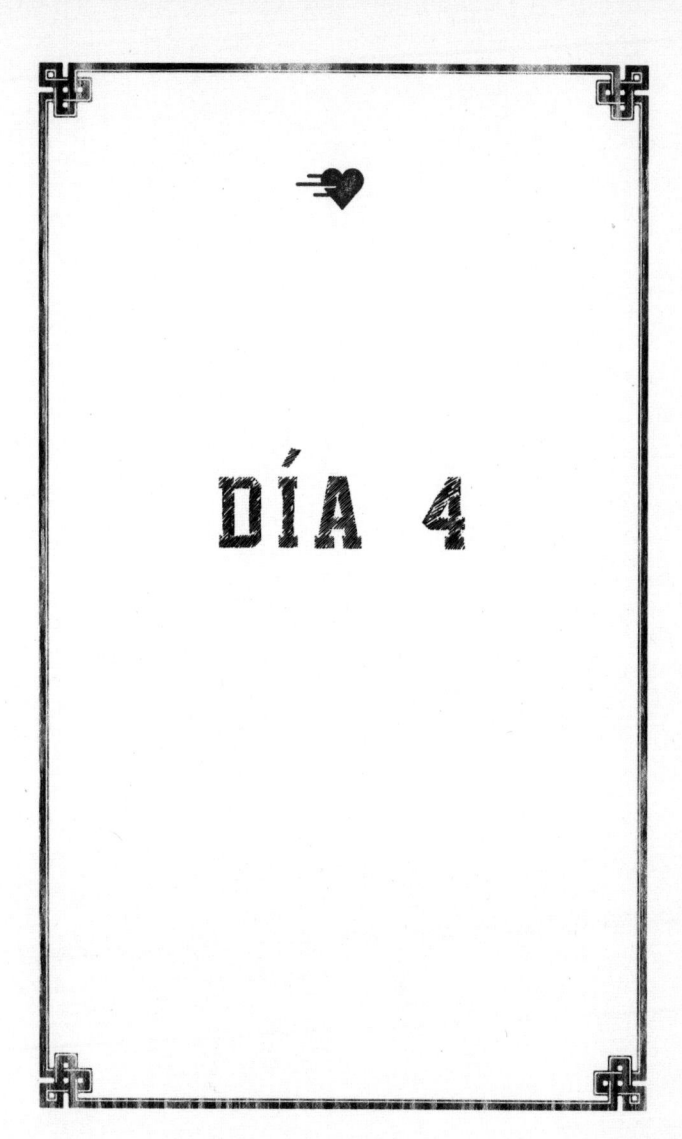

Día 4

PERDÓN, LO SIENTO...

ME ENCONTRABA EN mi hogar, descansando un poco. Mi esposa estaba practicando con los jóvenes del ministerio en la marquesina de la casa, ya que para aquel tiempo aún no habíamos abierto la academia de baile. De momento escuché el grito único de mi esposa, que llama cuando algo anda mal. Salí de inmediato a ver lo que sucedía y ella me dijo: "Manny, mira lo que hizo nuestro hijo". Cuando salí a buscar a "Sugar", el apodo de mi hijo, su verdadero nombre es Emmanuel, él se me acercó con algo en sus manos y me dijo: "Papá, gatito, papá, toma un gatito". Cuando miré bien, era nada más y nada menos que la pequeña figura que lleva al frente mi carro Jaguar. No le voy a mentir. Me dio una rabia terrible y cuando fui a donde mi querido hijo, pensando en el castigo que le iba a dar por su travesura, él salió corriendo con sus bracitos abiertos y me dijo: "Papi, lo siento, perdón". En ese momento le di un fuerte abrazo y le dije: "Está bien, mi vida, te perdono". Lo comencé a besar y a abrazar.

Le cuento que me sentí tan bien dentro de mí. Era una sensación rara; no podía entender por qué haber perdonado a mi hijo me había hecho sentir tan bien. La respuesta a mi interrogante no se hizo esperar; llegó en segundos. Sentí la voz de Dios que hablaba a mi espíritu, diciéndome: "¿Verdad que se siente bien? De la misma forma que tú como padre tienes la autoridad para castigar o perdonar a tu hijo cuando hace algo mal, yo la tengo sobre ti, pero, ¿sabes qué? me complazco en perdonarte porque te amo". En ese mismo instante comencé a llorar. La presencia de Dios inundó mi espíritu. Pude sentir ese amor tan grande que Dios muestra a través del perdón inmerecido que recibimos las tantas veces que fallamos. Muchas veces nos cohibimos de acercarnos a Dios para pedirle perdón porque pensamos que nos va a caer encima un rayo del cielo.

Querido amigo(a), el Dios que yo conozco es un Dios de amor, un Dios que se complace en perdonar a sus hijos con el fin de que ellos puedan comprender ese amor.

Reflexión

No importa lo lejos que te encuentres de Él o las veces que le hayas fallado, hoy es una gran oportunidad para que seas sincero y le pidas perdón

Perdón, lo siento...

a Jesucristo. De seguro Él abrirá sus brazos y te perdonará.

Los beneficios del perdón son únicos en su clase. Te producen sanación, madurez y liberación. Te ayuda a escalar el otro nivel de lo que estás esperando enfrentar. Libérate de toda la carga de angustias y resentimientos que has llevado por mucho tiempo. Dios ya pagó en la cruz el precio por tus pecados.

"Porque de tal manera amó Dios al mundo, que ha dado a su Hijo unigénito, para que todo aquel que en él cree, no se pierda, mas tenga vida eterna (Juan 3:16)". Te recomiendo consagrar y entregar tu vida a Él. Te recuerdo que constantemente menciones el perdón en la oración tradicional del Padre Nuestro, que nos dice: *"Padre nuestro que estás en los cielos, Santificado sea tu nombre ven a nosotros tu reino...Perdona nuestras ofensas como también perdonamos a los que nos ofenden..."* Comienza a declarar por tus labios el perdón empezando a perdonarte a ti mismo, y tu vida cambiará.

Enumera qué rencores no has podido perdonar. Declaro sanidad en tu corazón en el nombre de Jesucristo. ¡Amén!

_____

_____

Corazón abierto

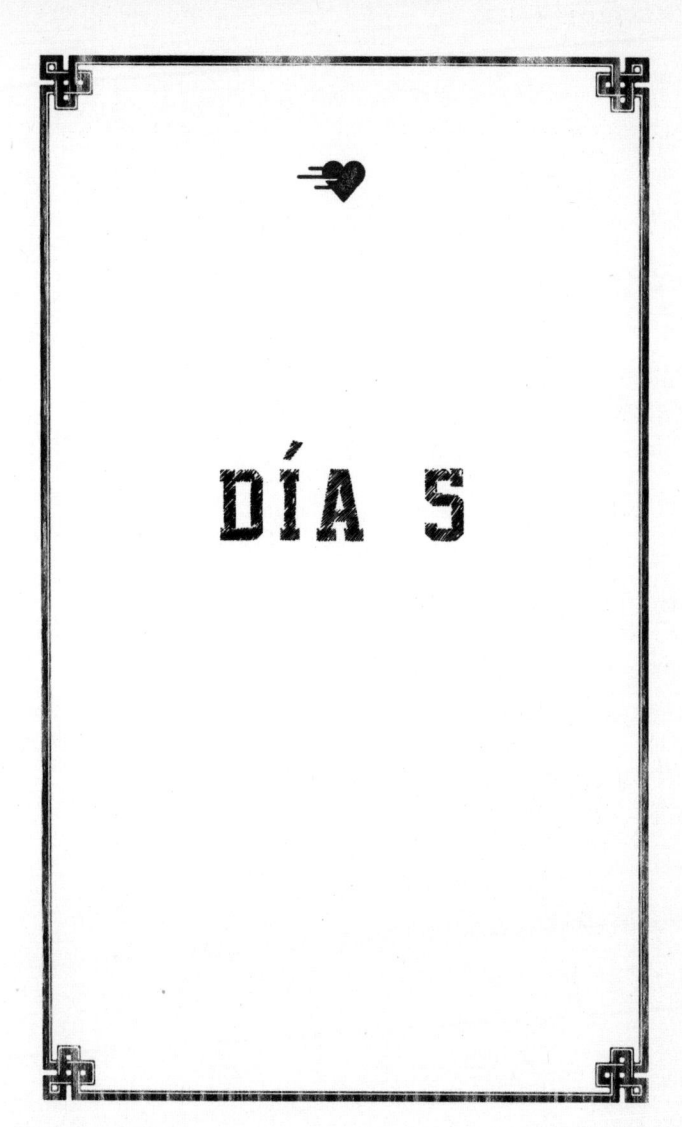

DÍA 5

Día 5

MI ESCENARIO

TODAS LAS MAÑANAS de mi adolescencia tenía que pasar por el mismo escenario para llegar a mi escuela, y durante la tarde era igual para llegar a casa. Mientras caminaba por el callejón, llegué a ver situaciones que me marcaron de por vida: desde adictos muriendo de una sobredosis de droga hasta personas asesinadas. Aunque vivía en un barrio donde no había muchas oportunidades, yo seguía en mi mundo de sueños. Los años pasaban y mis ojos vieron cómo la mayoría de los que crecieron conmigo sucumbieron en el amargo vicio de las drogas. Otros decidieron tomar el tren de la apariencia y caer en las garras del narcotráfico, lo que después los transportaba directo a la cárcel. La droga incluso marcó muy de cerca a mi familia, pues la mayoría de los varones estuvieron presos por seguir esa mala ruta.

Durante mi juventud, siempre estuve en esa balanza de qué hacer con mi vida, pero ahora veo que el sueño de Dios en mi pesó más que cualquier

Corazón abierto

tentación que me ofrecía el mundo. Hubo días que me sentía solo y la presión de grupo me agobiaba, pero tuve el poder para cambiar mi entorno. Yo tomé la decisión de no ser uno más en las estadísticas y llegar a ser quien yo soñaba ser en un futuro. Hoy veo el propósito de Dios en por qué no nací en una cuna de oro con todos los privilegios y por qué no tuve unos padres adinerados que me lo dieran todo materialmente.

Tal vez tú te sientas igual, pero es que Dios, desde que nos creó, sabía que tú y yo somos unos valientes guerreros que tenemos el deseo, las ganas y el poder de cambiar nuestro entorno para bien. ¿Podrá salir algo bueno de Nazareth? Asi dijo de Jesús Natanael, y de Nazareth salió el Salvador del mundo. ¿Podrá salir algo bueno del callejón? Así dijeron muchas personas y del callejón salió un joven soñador que ha alcanzado a multitudes de jóvenes en las naciones.

Reflexión

¿Podrá salir algo bueno de _____ (lugar donde vives)? Y de _____ (lugar donde vives), saldrá una persona que se levantará con poder para impactar a aquellos que los rodean y la Palabra de Dios se cumplirá para su gloria. Vamos, no tengas miedo, si tú vives en ese lugar donde

Mi escenario

crees que no tienes esperanza, escribe tu nombre aquí _____ y créele a Dios que Él puede hacerlo. Así que no importa el lugar de donde eres ni la gente que te rodea, esfuérzate y sé valiente, y pon tu mirada en el blanco de la soberana vocación: Cristo.

Mis contestaciones las puedes ver en la página 135.

DÍA 6

Día 6

SPIDERMAN

MI ESPOSA HABÍA salido a hacer unas diligencias importantes y decidí quedarme en mi casa con mi hijo. Me gusta aprovechar el tiempo que estoy en Puerto Rico para compartir al máximo con mi hijo y mi esposa, pero este día "Sugar", como cariñosamente le decimos, se levantó con todas las energías del mundo y estaba decidido a disfrutar a su papá. Nuestra agenda fue la siguiente: vimos una película de *Spiderman*, nos bañamos en la piscina, corrimos, saltamos, en fin, hicimos de todo un poco. La realidad es que en todas estas actividades, mi hijo hizo de las suyas; su comportamiento no fue el mejor.

Ya eran las seis de la tarde, mi esposa no llegaba a socorrerme y al parecer aún le quedaba mucha energía al muchacho. Emmanuel se asomó por la ventana y al escuchar a otros niños jugando, me dijo: "Papá, yo quiero una pelota". Yo, sin pensarlo mucho, le dije: "Me tienes que prometer que te vas a portar bien y te la regalo". Él, con su mirada inocente, me dijo que sí. Yo pensaba que cuando se montara en el carro se quedaría dormido. Les cuento que no se durmió, llegué al centro comercial ya con mi rostro cansado y mi hijo con una sonrisa que valía un millón de dólares porque tendría su pelota. Entramos a la tienda, buscamos la pelota y cuando me dirigía a pagar, me acordé que tenía que comprar unas cosas para la casa. Luego que las busqué, equivocadamente pasé por el pasillo de los juguetes y mi hijo, al ver un muñeco de *Spiderman*, soltó la pelota y me dijo entusiasmado: "Papi, yo quiero a *Spiderman*".

Yo me hice el que no lo escuchó y seguí caminando, pero él comenzó a llorar y a gritar más fuerte, llamando la atención de todos los que estaban allí. Yo no quería comprarle el *Spiderman* porque pensaba que no se lo merecía. Se había portado muy mal, pero mi corazón se conmovió y terminé comprándole el juguete. Llegamos a la casa y mi hijo, aún despierto, esperaba con ansias que abriera el empaque del juguete. El ver su carita llena de emoción y alegría, me daba una gran satisfacción como padre. Entonces, cuando fui a darle su inmerecido regalo, le dije: "Te regalo este juguete, pero no te lo mereces porque te portaste muy mal". Él sólo me miraba y extendía sus manitas impacientes para que yo le entregara a *Spiderman*. En ese mismo instante,

Spiderman

escuché la voz de Dios que retumbó dentro de mi espíritu y me dijo: "Cuántas cosas te he regalado y no te las mereces, pero por mi gracia te las entrego". En ese mismo instante comencé a llorar y a darle gracias a Dios por ese regalo tan precioso como lo es la gracia, porque a pesar de que muchas veces nos portamos mal, Él entregó a su único hijo en sacrificio para que pudiéramos tener vida eterna. Amigo(a), ¿cuántos *Spiderman* nos ha dado Dios que realmente no merecíamos?

Reflexión

Aprovecha este momento y muéstrale agradecimiento a Dios por todos los regalos que Él como buen Padre te ha dado. Amigo(a), ¡que tengas un excelente día!

DÍA 7

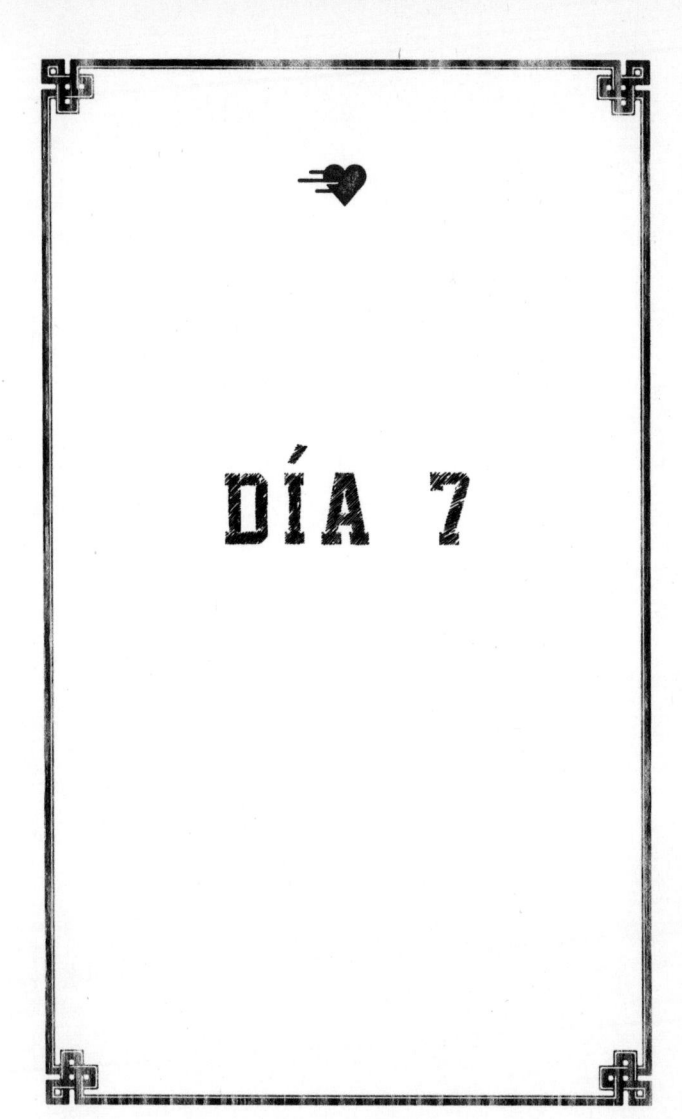

Día 7

¿CUÁL ES TU PLAN?

MUCHAS VECES A nosotros se nos hace difícil digerir y entender los planes de Dios para nuestras vidas. ¿Por qué? Los planes de Dios para nosotros traen procesos inevitables. Repite conmigo: procesos. Los procesos llegan a nuestras vidas de diferentes maneras. Algunos los provocamos nosotros mismos, desobedeciendo las órdenes y las estipulaciones escritas que por años nos mencionan nuestros padres, buenos amigos, pastores, maestros y hasta un conocido. También podemos nombrar algunos procesos obligatorios que nadie entiende y para los que yo no tengo nombre, pero que sólo Dios entiende. Lo que sí te puedo decir es que cada proceso por el que estás pasando contiene al final una satisfacción positiva, una gran enseñanza, trae consigo madurez y es de beneficio común.

Mi consejo para ti, lector, es que no pases este proceso solo. Es más fácil y menos doloroso pasarlo acompañado de Dios. Él es nuestro bálsamo y nuestro amigo fiel. Una de mis canciones se llama

"El Sahara". En una de las líneas de la canción dice lo siguiente: "¿Dios mío, dónde estás que no me respondes? Que busco tu rostro y tú te me escondes, ya no aguanto más, acelera este proceso, siento que no puedo con todo este peso. La gente me pregunta, ¿en dónde está tu Dios?, se burlan de mí, ¿qué pasó, te dejó? Pero dentro de mí siento que no me ha dejado, paso por el desierto aunque sea arrastrado".

Esta canción es una de las historias de mi vida y la comparto contigo para que te animes. Muchas veces me preguntaba: "¿Qué hice yo para que pasara esto? Siento que estoy solo pasando el desierto de Sahara y me pregunto, ¿hasta cuándo va a seguir esto?" Esto lo escribí en un momento de desánimo, de frustración. Solo me encomendé a Él y tomé la decisión de esperar refugiándome en la Palabra de Dios y en los planes que Él tiene para mí.

Los procesos tienen un lapso de tiempo; un tiempo de caducidad como las estaciones del año. Los procesos son etapas de nuestras vidas que si no pasan, la vida sería en vano, perderíamos el interés por el cumplimiento de nuestro propósito en la tierra, y lo más importante y por lo que hemos luchado: nuestra salvación.

"Yo sé los pensamientos que tengo acerca de

¿Cuál es tu plan?

vosotros, dice Jehová, pensamientos de paz, y no de mal, para daros el fin que esperáis" (Jeremías 29:11).

Desafío

Esto que verás a continuación son unas preguntas que realicé en la universidad y me dieron una visión amplia de lo que anhelaba y hacia dónde me dirigía. Te motivo a que hagas conmigo este ejercicio.

1. Menciona cuál meta te has propuesto realizar en un año (en lo ministerial, profesional, familiar o material). En tus propias palabras, redacta un plan o estrategia para lograrlo.

   _____
   _____
   _____
   _____
   _____

2. ¿Cómo te ves en 5 años (en lo ministerial, profesional, familiar o material)?

   _____
   _____

3. ¿Cómo te ves en 20 años (en lo ministerial, profesional, familiar o material)?

_____
_____
_____
_____
_____

Para ver mis contestaciones, pasa a las páginas 135-136.

DÍA 8

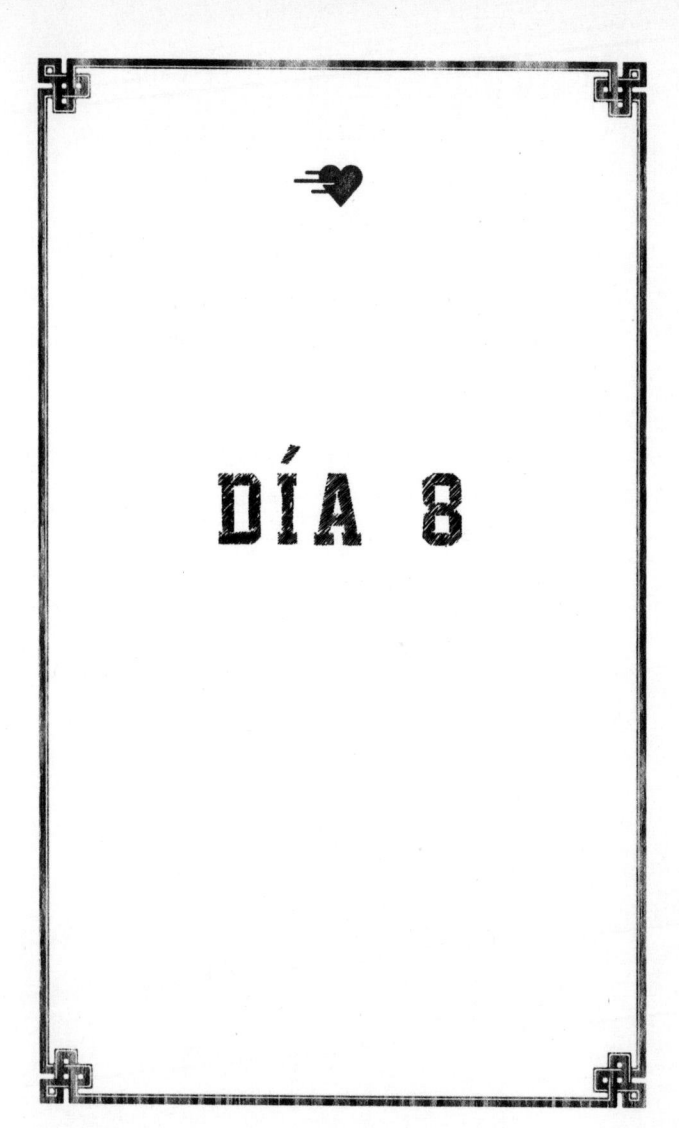

Día 8

¿CÓMO PUEDES IDENTIFICAR TUS TALENTOS?

"Y lo he llenado del Espíritu del Dios en sabiduría, y en inteligencia, en ciencia y en todo arte" (Éxodo 31:1).

Nuestro Padre espera que usemos nuestra adoración cuando utilicemos nuestros talentos para su obra, siempre y cuando respetemos los talentos que Él otorga a otras personas. *"Si la persona tiene iniquidad en su corazón, Dios no escuchará su oración"* (Salmos 66:18).

Debes reconocer y distinguir en cuáles actividades sobresales, y qué te apasiona y te satisface hacer. Pero recuerda que lo importante no es el talento que adquieras por tu propia voluntad o por admirar a otros que lo tienen, sino lo que disciernas que es tu talento por el mover entre tu espíritu y tu corazón, nada más cuando lo piensas.

Estamos viviendo unos tiempos de mucha

necesidad, con estilos de vida diferentes y cambios acelerados para esta generación. Dios es un Dios de variedad. Nos creó a todos muy individuales con diferentes ideas, características, géneros musicales y vocaciones, desde la persona que te recibe con un saludo en la iglesia hasta el que predica. Todos estos talentos han sido creados con el propósito de llevar el mensaje de salvación. El hecho de que no eres excepcional no te hace insignificante. Todos los talentos creados por Jesús fueron para un mismo propósito. Ven y únete al equipo campeón.

Pregunta

¿Has identificado y comprendido cuáles son tus talentos? Interrogantes como esta ayudan a identificar y clarificar tu llamado. Anota aquí cuáles son tus talentos.

_____

_____

_____

_____

_____

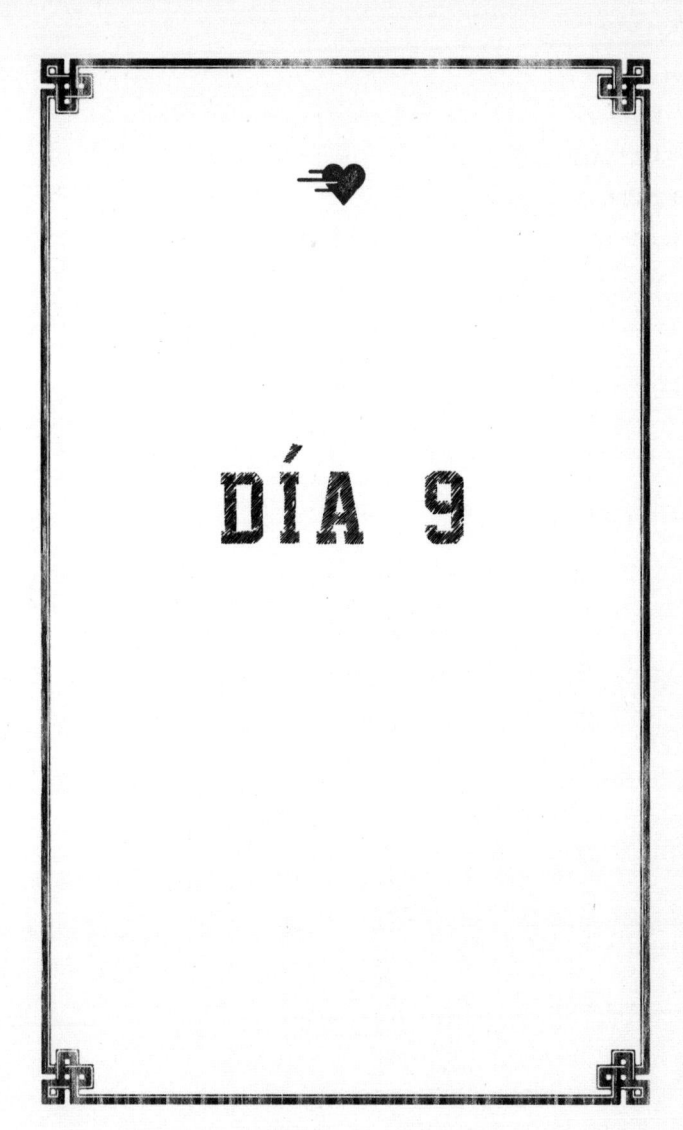

DÍA 9

Día 9

ACTIVA TUS DONES Y TALENTOS

¿Tienes un plan para tu vida? ¿Has ejecutado correctamente tus talentos para cumplir con el propósito de Dios o los has empleado para tus intereses personales? ¡Eaaah, esta pregunta sí es profunda! Léela nuevamente y repasa conmigo.

Los dones que Dios nos da son para beneficio común, para ser usados al servicio del Reino. Este relato contiene una relación con nuestra forma de ser, porque tendemos a confundir los talentos con los dones. Te lo voy a demostrar y a explicar con fundamentos.

Tres fundamentos básicos que definen dones y talentos:

1. Fe – es la certeza de lo que se espera y la convicción de lo que no se ve (ver Hebreos 11:1).

2. Talento – es un conjunto de facultades o capacidades sobresalientes, tanto artísticas como intelectuales, dadas por Dios para cierto trabajo (ver Éxodo 31:1-5).

3. Dones – se define como un regalo de Dios: "dones del Espíritu" (ver 1 Corintios 12)

Este tema es complicado para explicar, pero me tomé el atrevimiento de desarrollarlo en mis propias palabras. Solo tendrán el beneficio y el entendimiento los que han aceptado a Dios como su único Salvador. Yo lo llamo el "Código Genético del Maestro". Este es un idioma poderoso.

El talento y el don te pueden parecer iguales, pero aunque tienen relación, no significan lo mismo. Una persona puede tener un don, por ejemplo, el don de sanar enfermos mediante la oración. Dios lo creó con este talento, pero el don se manifiesta solamente si interviene el Espíritu Santo. El detalle que hace la diferencia entre tener el talento y manifestar el don está en la conexión con el Espíritu Santo y en reconocer que fue Dios quien dio ese don. De esta manera se explica por qué no todos manifestamos los mismos dones, sino que cada uno manifiesta lo que Dios le da. Dios ha colocado en ti su ADN o

Activa tus dones y talentos

herencia genética desde que te formó. Es tiempo de activar los talentos y dones que ya están en tu ADN para que hagan conexión en la obra de Dios. *"Mira que te mando a que te esfuerces y seas valiente porque Jehová tu Dios estará contigo donde quiera que vayas"* (Josué 1:9).

Cuando tengas interrogantes, por más sencillas que parezcan, te aconsejo que leas el mejor libro de todos los tiempos, el principal *best seller* de la historia que ha sido leído por toda la humanidad. Tú tienes que conocerlo; es la Biblia. Prueba y verás que te ofrece los mejores consejos y se adapta a todas tus situaciones. No mira raza, sino nuestra misión en la vida.

Reflexión

Dios nos regala talentos y dones para que rindamos cuenta de ellos. No podemos pasar por la vida sin utilizarlos en beneficio del plan y propósito para el cual Dios los dio. ¡Recapacita!

CORAZÓN ABIERTO

CÓDIGO GENÉTICO DEL MAESTRO

Llena los espacios en blanco con tu información personal.

Yo, _____ , estoy preparado(a)
　　　　　(nombre)
genéticamente para _____,
　　　　　　　　　　　　　　(talento)
pero la intervención del Espíritu Santo se manifiesta

cuando _____

_____
　　　　　　　(don)
y lo estoy ejerciendo en _____

_____
(en dónde lo ejerces)

DÍA 10

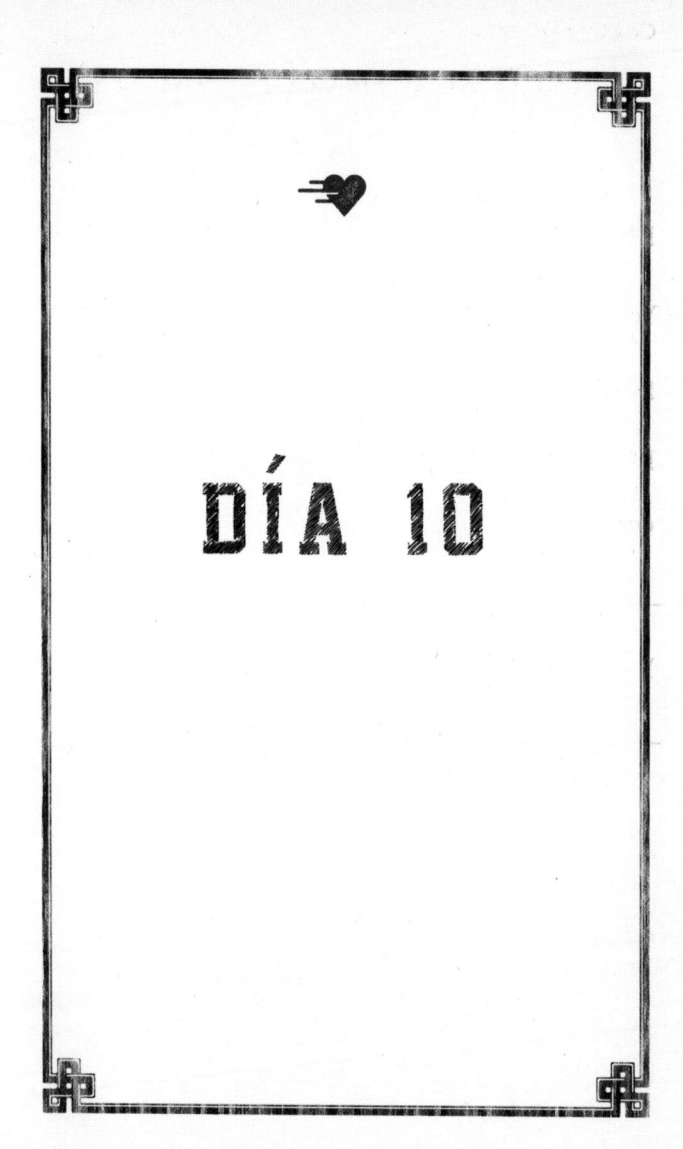

Día 10

ADORACIÓN EXTREMA Y LOCURA RADICAL

"¿A dónde me iré de tu espíritu? ¿O a dónde huiré de tu presencia? Si subiere al cielo, allí estás tú; y si en el infierno hiciere mi lecho, he aquí, allí estás tú. Si tomare las alas del alba, y habitare en el extremo del mar, aun allí me guiará tu mano, y me asirá tu diestra" (Salmo 139:7-10).

Lee y repite conmigo esta mi adoración a la excelsa y poderosa presencia de Dios en y con nosotros, y anhela para ti los momentos en que tu espíritu reciba y se goce en esa misma presencia, tanto como yo.

"Estar en tu presencia es lo único que quiero. En el mundo hay placeres, pero tu unción es lo único que prefiero. Fuego directamente que baje del cielo y que me abrase, que me queme este sentimiento fiero. Desde que te conocí es lo que a diario anhelo. Desde que me levanto, busco que tu Espíritu Santo llene mi corazón y llegue bien adentro; eso es lo que a diario anhelo. Tu presencia me estremece, cada día me fortalece, el amor que siento por ti a cada segundo crece. Es algo maravilloso y no sé cómo explicarlo. Esto se llama gozo y jamás voy a dejarlo. Que me digan loco, loco, que me digan lo que quieran. Cuando sientan lo que yo siento, no van a querer vivir sin su presencia. Que me digan loco, loco, pero contigo, Dios, canto, danzo.

Adoración es la primera facultad que debes conocer para relacionarte con Dios y reconocer su presencia en tu vida. Es practicada desde la antigüedad y es parte de obedecer la Palabra de Dios (*"Adorad a Jehová en la hermosura de la santidad..."*, Salmo 96:9). En los Salmos la nombran mucho como un mandato establecido por Dios. El hombre la utiliza para expresarse y como un gesto de agradecimiento motivado por el corazón, y cuando sentimos la fuerza de su Espíritu en nosotros, nos movemos hacia la adoración extrema.

El caso claro lo vemos en el rey David, quien desde antes de ser rey, fue un adorador. Cuando David tomó la decisión de llevar el arca de Jehová, la Biblia nos explica en 2 Samuel 6:12-23, que él danzaba delante de aquellos que llevaban el arca. Iba danzando con toda su fuerza, pero su mujer, Mical, lo observaba desde una ventana y lo menospreció

Adoración extrema y locura radical

en su corazón. Tal vez pensó que se había vuelto loco, lo criticó por el *show* que dio, pero David dio la respuesta en 2 Samuel 6:22: *"Y me humillaré aún más que esta vez; me rebajaré a tus ojos, pero seré honrado delante de las criadas de quienes has hablado"*. A Él no le importaba parecer loco ante los ojos de ella.

Esa misma locura radical, esa misma plenitud mora en mí. Búscala para ti y di conmigo:

"Que me digan loco, loco, pero contigo, Dios, canto, danzo, lloro y eres solo tú. Sabes cómo cuidarme, consolarme y llenar ese espacio de mi corazón que fue diseñado por ti para llenarme de tu Espíritu Santo. Oh Jehová, tú me has examinado y conocido. Tú conoces mi sentarme y mi levantarme. Desde lejos entiendes mis pensamientos. Mi andar y mi acostarme has rodeado, y todos mis caminos te son conocidos. Pues aún no está la Palabra en mi lengua, y he aquí, oh Jehová, tú la sabes toda. Detrás y delante me has rodeado, y sobre mí pusiste tu mano. Tal conocimiento es muy maravilloso para mí; alto es, no lo puedo comprender".

El espíritu de Dios está dentro de ti. Me dirás: ¿Pero cómo? ¿En dónde?

El Espíritu Santo no tiene que ver con ninguna religión. No lo tienes que buscar en el compañero o en el pastor, ni pedirlo prestado. El Espíritu Santo está dentro de ti. Es omnipresente. Solo tienes que reconocerle, hablarle, conversarle y adorarle.

Preguntas

- ¿Qué locura radical has hecho por Dios?

  _____
  _____
  _____
  _____
  _____
  _____

- ¿Cómo ha sido tu relación con el Espíritu Santo? Si no la has tenido, comienza a tener una conversación de amigos con Dios. Yo voy a ti.

  _____
  _____
  _____
  _____
  _____
  _____

DÍA 11

Día 11

EL MARATÓN

"...el reino de los cielos sufre violencia, y los violentos lo arrebatan" (Mateo 11:12).

Te voy a relatar una historia verídica que será de influencia para tu vida, como lo fue para la mía. Conocí una joven universitaria que desempeñaba diferentes roles como estudiante, atleta y vendedora en una tienda de calzado para sufragar sus gastos y ayudar a su familia. Eran muchos los retos que ella enfrentaba que la conducían a su futuro, pero también eran muchos los placeres que tenía que rechazar y evitar. Recuerdo sus humildes palabras: "que había tiempo para todo".

Dios deposita sueños y metas en cada uno de nosotros. Solo tú debes escoger la decisión correcta para tu vida, pero ¿cuál decisión enfrentas tú en estos momentos? Bueno, no me tienes que contestar, analízate porque ahora es que la historia se pone interesante. Esta joven solo tenía 18 años de edad, era talentosa, atleta universitaria becada y con pocos amigos, algo que no es muy normal a esta edad y mucho menos con estas características. ¿No lo crees, verdad? Pero ella sí tenía algo que la distinguía de las demás personas: tenía sus convicciones concretas y estas convicciones la dirigían a su meta. Cerca de la competencia atlética más importante en su carrera universitaria y luego de años de arduo entrenamiento y sacrificios, en uno de los entrenamientos tropezó y se destrozó los ligamentos "LCL" y los meniscos de la rodilla izquierda. Esto ocurrió a solo días de su "debut" y su tan codiciada competencia.

¿Saben qué? Se quedó fuera de la competencia, la operaron y pasó por uno de los momentos más lamentables y frustrantes de su vida. Quedó en silla de ruedas después de la operación. Solo ella tenía en sus manos la decisión de volver a comenzar desde cero a ser la joven perseverante y regresar a su vida anterior, o ser la joven conforme con la situación. En esta parte de la historia me doy cuenta de que la vida se basa en decisiones, pero decisiones difíciles de verdad.

Esta persona me sirvió de inspiración para escribirte estas páginas, para que el día que te encuentres en una situación difícil, esta historia te sirva de ejemplo y puedas tomar la mejor decisión. A veces

El maratón

las cosas no resultan como uno las quiere. Dios te habla, te prepara, te perfecciona para que su propósito en la Tierra se cumpla y hasta te beneficies de las bendiciones por tu obediencia. Pero no te especifica que te vas a encontrar con tropiezos, o con personas que admiras o familiares que te hieren y destruyen tus sueños.

Personalmente me he encontrado con situaciones que han traído desánimo y pensamientos negativos a mi vida, como de que me quite. Muchos de mis familiares me han dicho que no voy alcanzar mis sueños por lo costoso que es realizar una producción discográfica. En mi disco *El Escenario*, escribí el tema *Sueña*, a base de mis vivencias. Yo no nací en cuna de oro; se me ha hecho difícil estar donde estoy.

Te motivo a que no te rindas y hagas como mi amiga. Ella tenía sus convicciones concretas y sus metas bien definidas, sabía lo que quería y qué haría para poder alcanzarlas. La joven continuó con su rehabilitación. De una silla de ruedas comenzó a caminar con muletas, y luego a caminar sola hasta que logró correr. Al verla tan enfocada y observar lo doloroso que fue su entrenamiento, me decía estas palabras: "Dios creó un día detrás del otro. ¿Crees que con esa caída voy a perder todo el tiempo entrenado? Con esta caída me hago más fuerte". No vas a vivir sin tener la experiencia y decir que nunca lo intentaste. Eso se deja para cobardes. *"Pero los cobardes... tendrán su parte en el lago que arde con fuego y azufre, que es la muerte segunda"* (Apocalipsis 21:7-8).

Culmino este relato con que al año de este accidente, la joven volvió a competir. Lo que para otros era una locura, para ella no lo fue. Pasó los años más felices de su carrera atlética con grandes triunfos. Comparo esta historia como nuestro maratón o la carrera de un cristiano que enfrenta adversidades en su vida, pero el que más empeño y tiempo dedique sin cesar, luchando hasta el final, es el que gana la corona incorruptible. "Los violentos arrebatan el reino de los cielos" (Mateo 11:12 parafraseado).

Reflexión

En tu maratón te llegarán momentos de cansancio y frustración. Te encontrarás con piedras en el camino y escucharás voces que te dirán que no llegarás a la meta. Hoy mis palabras son las mismas del apóstol Pablo. "Prosigue hacia la meta, al premio del supremo llamamiento de Dios en Cristo Jesús" (Filipenses 3:14 parafraseado).

El maratón

Desafío del día

¿Qué no terminaste en tu vida que deseas volver a hacer?

_____
_____
_____
_____
_____
_____

Te exhorto a que empieces este día con determinación y hagas una lista de todo lo que quieres alcanzar en tu vida. ¡Comienza a preparar tu entrenamiento!

Mi listado de metas

1. _____

2. _____

3. _____

4. _____

5. _____

Para ver mis contestaciones, pasa a las páginas 136-137.

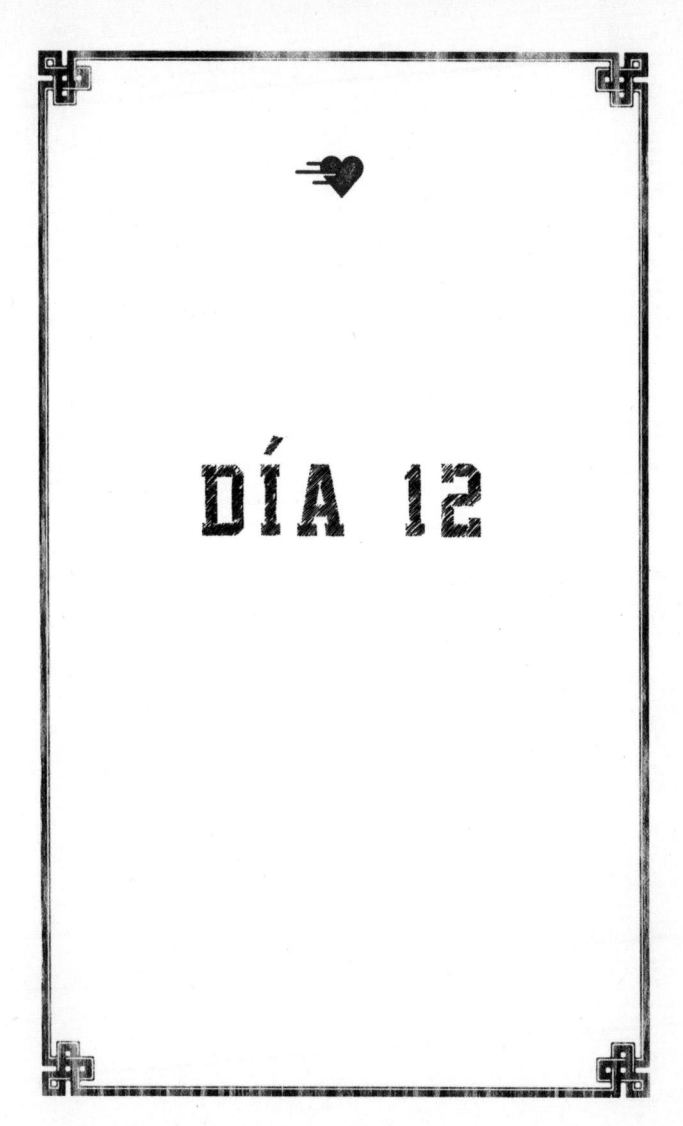

DÍA 12

Día 12

CUALIDADES ÚTILES

Estas cinco cualidades te ayudarán en tu recorrer por la vida y a cumplir el propósito para el cual Dios te diseñó. A mí me han ayudado a madurar y a alcanzar todos mis sueños y los sueños de Dios para mí. Tengo la certeza de que tú podrás hacer lo mismo si las pones en práctica.

1. **Compromiso** – Tienes que aceptar tu llamado integralmente, reconociendo que al final de esta jornada, Jesús te premiará por tu obediencia. Si quieres ver cosas extraordinarias en tu vida, debe existir un compromiso real con Dios. Nada, absolutamente nada, debe quitarle el primer puesto a Dios en tu vida. Te invito a que leas la historia de Josué, uno de los hombres más comprometidos con Dios.

2. **Carácter** – En el proceso como cristianos, nos enfrentamos a un sinnúmero de circunstancias difíciles que nos hacen madurar en el camino. Habrá situaciones que no entenderemos al momento que nos ocurren, pero luego serán esas mismas

situaciones las que forjen nuestro carácter en Dios. Todo depende de nosotros. Hay un refrán que dice "Crecer es obligatorio, pero madurar es opcional". Dios nos da la libertad de tomar decisiones, pero nosotros debemos ser capaces de tomar decisiones sabias que nos hagan crecer como cristianos y seres humanos.

3. **Pasión** – La máxima expresión del amor la podemos ver cuando Jesús dio su vida por cada uno de nosotros, sin que lo mereciéramos. Es un amor inexplicable; una pasión incomprensible por la salvación de cada ser humano. Nosotros, como cristianos, debemos imitar esa pasión y estar dispuestos a entregarlo todo por Él. La pasión que tienes por algún deporte, por la computadora, por los juegos de videos no puede empañar la pasión que tengas por Dios. Amarás al Señor, tu Dios, con todo tu corazón, con toda tu alma y con toda tu mente. Este es el mayor y el primer mandamiento.

4. **Visión** – Leí en una ocasión una frase de Helen Keller, quien era ciega: "La persona más pobre del mundo no es la que no tiene bienes materiales, sino la que no tiene un sueño". Lamentablemente, hoy en día la mayoría de las personas no tienen visión porque solo ven lo que está delante de sus ojos. Tienes que creer en esa visión que tanto añoras y

Cualidades útiles

no dejar que nada ni nadie te detenga para verla hecha realidad. No dejes que te afecte lo que haya sucedido en el pasado. Si aún puedes ver eso que tanto anhelas, solo basta con esforzarte para tenerlo. *"Porque yo sé los pensamientos que tengo acerca de vosotros, dice Jehová, pensamientos de paz, y no de mal, para daros el fin que esperáis"* (Jeremías 29:11).

5. **Perseverancia** – Esta fue una de las claves más importantes para llegar a alcanzar mis metas. Cuando decides que el propósito se cumpla en tu vida, te vas a tener que enfrentar a tormentas, desiertos, vituperios, cárceles, gigantes y a muchas cosas más, pero está en ti proseguir hacia la meta. Aquel que persevera es uno que no se gasta en el proceso difícil que tenga que atravesar. Porque tú fuiste creado para vencer, solo mantente en el proceso y persevera hasta el final.

Reflexión

"Doy gracias a mi Dios siempre que me acuerdo de vosotros, orando siempre con gozo en cada una de mis oraciones por todos vosotros, por vuestra participación en el evangelio desde el primer día hasta ahora, estando convencido precisamente de esto: que el que comenzó en vosotros la buena obra, la perfeccionará hasta el día de Cristo Jesús. Es justo que

yo sienta esto acerca de todos vosotros, porque os llevo en el corazón, pues tanto en mis prisiones como en la defensa y confirmación del evangelio, todos vosotros sois participantes conmigo de la gracia" (Filipenses 1:3-7).

DÍA 13

Día 13

MI MÚSICA

La música es una actividad originada desde la antigüedad. Por siglos fue utilizada bíblicamente como una de las tradiciones judías. Los coros y las danzas de los israelitas después de su liberación de Egipto expresaban el gozo por la libertad. *"Entonces María, la profetisa, hermana de Aarón, tomó un pandero en su mano, y todas las mujeres salieron detrás de ella con panderos y danzas"* (Éxodo 15:20).

En este nuevo milenio, los géneros musicales y la adoración han ido evolucionando. Dios ha ido levantando levitas poderosos y los ha posicionado en lugares estratégicos para llevar el mensaje a multitudes, para su gloria. Yo te puedo hablar de mi género, de la música urbana; este es el método de evangelización que utilizamos. Ha sido juzgado, atacado, vituperado y criticado, solo por la melodía. La juventud de este siglo lo que escucha es esta música, que es una herramienta trascendental para evangelizar. No te puedo mentir. En mis comienzos

CORAZÓN ABIERTO

le pedía a Dios que me diera voz, capacidad, virtud y llamado para cantar baladas. ¡Ja, ja, ja! No me querrán escuchar cantando baladas; solo mi familia me escucha y obligados.

Cuando comencé en los caminos de Dios y acepté a Cristo como mi único salvador fue a través de un concierto de reggaetón al que asistí. El mismo instrumento que yo utilizo para evangelizar fue el que Dios utilizó para acercarme a Él. El intelecto capta más rápido las canciones que cuando te enseña un maestro en la escuela. Esto se ve reflejado en los estudiantes de edad preescolar. El currículo para estos niños está diseñado para que la enseñanza sea por medio de la música, cánticos, manualidades y las artes. Cuando un niño llega el primer día de la escuela elemental y su madre le pregunta, ¿qué aprendiste hoy?, él inmediatamente comienza a cantar porque simplemente lleva todo el día cantando y bailando. A veces nos olvidamos de que tenemos que entrar al cielo con mentes de niños. *"De cierto os digo, que el que no recibiere el reino de Dios como un niño, no entrará en él"* (Marcos 10:15).

Nuestra adoración no se puede perder en tu estilo de vida. La adoración no es sólo cantar y bailar; también se refleja en tu comportamiento y

Mi música

en el trato de uno con los otros. Cuando escuches un estilo de música diferente o veas jóvenes que Dios está levantando y tengan el favor de Él, tómate un tiempo y préstale atención a la letra de la canción y no al ritmo. La herramienta que Dios utiliza para captar la atención del oyente es el ritmo y lo que hace que el joven cambie es la palabra, siempre y cuando sean canciones con sentido y su escritura esté cimentada en la Palabra y la fe.

Adorar no es sólo cantar. La adoración no tiene un género musical como tal. Un ejemplo que te puedo nombrar es el género de la balada. Este género lo relacionan directamente con la adoración y la alabanza, pero ¿qué hay con los otros géneros? ¿Tú crees que los otros géneros musicales no fueron creados por Dios? ¿No se puede adorar a Dios con reggaetón o merengue? Están equivocados. Estos también son para adoración y alabanza; son un medio de exaltar a Dios. Adorar es entregarse por completo. Muchas veces esto puede ser difícil debido a las situaciones que estemos pasando, pero adorar conlleva, además, renunciar a nosotros mismos.

Dios es un productor, un compositor de letras, un coreógrafo de bailes y un creador musical por siglos. Podrán cambiar las melodías a través de los años, pero nunca cambiará la esencia de la Palabra. Debes practicar tu adoración en la tierra y llevar una vida llena de gozo. La adoración física es una manera de expresar nuestra gratitud, en lugar de tener caras largas, cohibirnos y contener la gloria de Dios. Debemos mostrarle al mundo a través de nuestros actos que la gloria de Dios habita en nosotros. *"Así que, ofrezcamos siempre a Dios, por medio de él, sacrificio de alabanza, es decir, fruto de labios que confiesan su nombre" (Hebreos 13:15).* Imploremos a Dios y mostremos nuestro agradecimiento por medio de nuestra adoración, por todo lo que nos ha brindado y de lo que nos ha librado.

Querido hermano(a), te puedo asegurar que cada movimiento, cada paso, cada cántico te cargará de una gracia de parte de Dios que nunca imaginaste. ¡Pruébalo!

Pregunta

Tu felicidad, ¿con qué la comparas?

_____
_____
_____
_____
_____
_____

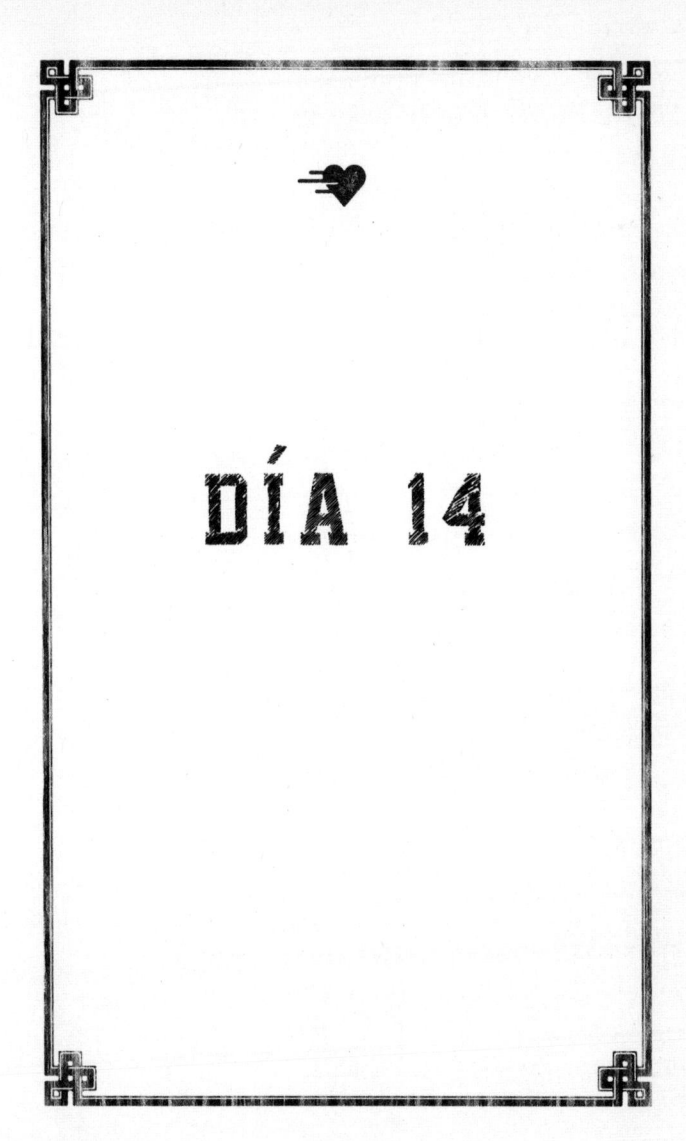

DÍA 14

Día 14

PELEA LA BATALLA DE LA FE

"He peleado la buena batalla, he acabado la carrera, he guardado la fe. Por lo demás, me está reservada la corona de justicia, la cual me dará el Señor, juez justo, en aquel día; y no sólo a mí, sino también a todos los que aman su venida" (2 Timoteo 4:7-8).

Q UIERO DECIRTE QUE eres un(a) guerrero(a) valioso(a) en el campo de batalla. Te envío nuevas fuerzas para lo que estás emprendiendo y unas palabras de aliento que fueron diseñadas para ti. ¿Sabes que muchas veces he querido retirarme por las críticas y las luchas constantes? ¿Quieres conocer por qué he permanecido? Sin importar la circunstancia, siempre he tenido un mensaje, una confirmación de parte de Dios y quiero compartir esta moraleja contigo. ¿Has escuchado cuántos años se tardó la institución de la iglesia en aceptar la escuelita bíblica? ¿Sabes cuántos años le tomó a la iglesia aceptar que los niños tenían que ser educados con la Palabra desde pequeños? La lucha perduró más de 200 años.

¿Qué es lo que te quiero decir con esto? Esos soñadores combatientes portaban la visión de parte de Dios y murieron luchando contra críticas, vituperios, reproches y censuras. Muchos fueron los golpes que pudieron soportar y no se rindieron. Vemos los frutos ahora. La clave del éxito fue poner la mirada en la cabeza y no en el Cuerpo de Cristo (iglesia), para el Reino de Dios. Obedecieron por medio de la fe y siguieron con la visión que portaban en su corazón. Nosotros actualmente tenemos la bendición de que nuestros niños disfruten del ministerio de niños de la escuela bíblica, y se han detectado niños con dones extraordinarios.

Muchos dirán que no valió la pena el sacrificio, porque ellos murieron y no lo vieron. Ummm...Pero...estudiando este contexto, puedo decir que ellos obtuvieron la revelación de Dios, la vieron en su cabalidad, y todo tenía que terminar sin mediar palabras de lo que tenían que pasar. A pesar de todo lo que tuvieron que enfrentar, anduvieron los pasos para demostrar y debatir su propuesta y fue aprobada por el hombre.

Tú portas esa revelación de parte de Dios en estos tiempos. Todas las situaciones que estés enfrentando

Pelea la batalla de la fe

en tu presente no pueden hacer que tus sueños se desvanezcan. Al contrario, esta es la herramienta que utilizará Dios para formarte y llevarte a otra dimensión en la que puedas recibir y disfrutar de todas tus bendiciones. Sólo tienes que tener compromiso, carácter, pasión, visión y, sobre todo, ser perseverante. En tu caminar, no te detengas por el hombre. Alguien tiene que asumir la reponsabilidad de enfrentar los mayores retos en estos tiempos. Si Dios está contigo, ¿quién contra ti? Prosigue a la meta, como le dijo Pablo a Timoteo. Dios ya ha predeterminado lo que va a realizar contigo. Solo está forjando tu carácter para que te enfrentes a las grandes batallas. ¡Este es el *kairos* para tu vida!

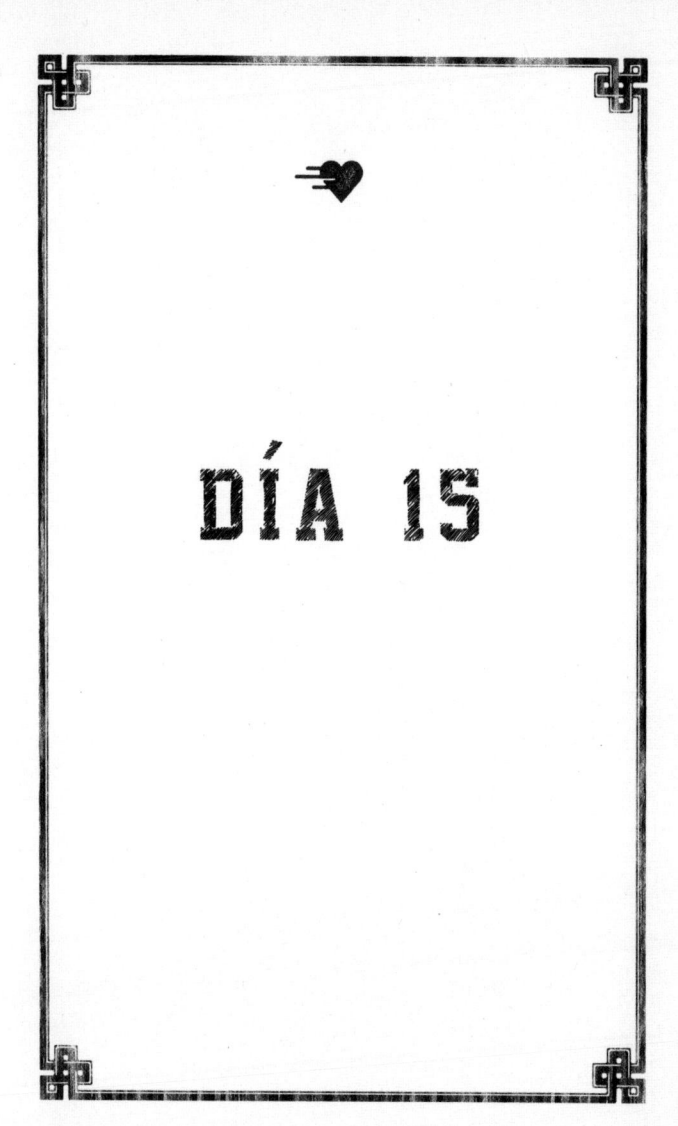

DÍA 15

Día 15

ARMY

Ármate de valor vestido de toda armadura de coraza de justicia, para que puedas estar firme contra las artimañas del diablo. *"Porque no tenemos lucha contra sangre y carne; sino contra principados, contra potestades, contra gobernadores de las tinieblas de este siglo, contra hueste espirituales de maldad en las regiones celestes. Por tanto, tomad toda la armadura de Dios, para que podáis resistir en el día malo, y habiendo acabado todo estar firmes"* (Efesios 6: 12-13).

Redimió ofreciéndote beneficios que te protegen. Te perdonó todos tus pecados, te declara libre y justo de culpa y olvida tu rebeldía en tu presente. Te sostiene con vida, te protege del enemigo, te ayuda a obedecer su ley y a perfeccionarte en su carácter (ver 1 Corintios 6:11-12).

"Me es justo sentir esto de todos vosotros, por cuanto os tengo en mi corazón. En mis prisiones y en la defensa y confirmación del evangelio, todos vosotros son participantes conmigo de la gracia" (Filipenses 1:7).

Y "pelea la buena batalla de la fe. Echa mano de la vida eterna a la cual así mismo fuiste llamado, habiendo hecho la buena profesión delante de muchos testigos" (1 Timoteo 6:12).

Declaración del día

Confiesa en voz alta: "Nacimos para ganar. El comandante de los cielos es el que nos guarda y nos defiende". Hacia la conquista, Cristo nos llamó. Enfócate en la meta.

DÍA 16

Día 16

NUNCA ME ABANDONASTE

CAMINANDO SOLO POR la calle en un viaje de esos donde me encontraba preso de mis propias actitudes sin que nadie me ayudara, buscaba la solución a los problemas que lentamente deterioraban mi alma y mi conciencia. No había ciencia ni filosofía que me sacaran de la decadencia. Era la consecuencia de escoger el mal camino por mis malas decisiones; se tronchaba mi destino.

Ya no confiaba en nadie. Aunque hablaba con todos, muchos me dieron de codo. Me sentía un don nadie. Por las noches no dormía, solía tener pesadillas y las veces que lo hacía era a fuerza de pastillas. La palabra vida era sinónimo de fastidio. Muchas veces pensé que la única salida era el suicidio. Mi corazón se obstinaba y se hacía duro como el hierro. Día a día yo anhelaba que se acercara mi entierro.

Nunca me abandonaste, siempre me acompañaste. Aún cuando te daba la espalda, me decías al

Corazón abierto

oído que aún me amabas. Mis problemas ocultos tras una fría sonrisa, era todo un payaso con una cara postiza. Para todos era un joven normal. Lo único que no sabían era que a ese joven la depresión lo mataba. Pero, ¿a quién? ¿A quién yo iba a pedirle ayuda si no confiaba en nadie? Mi única amiga era la duda. Solo me quedaba uno a quien hacía tiempo que no buscaba: El que me decía "te amo" y yo ni caso le hacía; el que tocaba mi conciencia cuando en mal camino estaba y los pelos se me erizaban cuando su presencia me inundaba... el que no mira mi apariencia ni estaba por antojos; al que yo no quería, pero hacía que lloraran mis ojos.

Por fin encontré la salida a un futuro tan incierto. Hoy tengo mis ojos abiertos para poder ver qué es la vida. Mi alma ya no está perdida en ese pasado espantoso. Los errores cometidos ahora me resultan graciosos. Gracias a ti, Poderoso, porque nunca me dejaste. En cada paso del camino siempre me acompañaste. ¿Por qué cuando andaba perdido de mí nunca te alejaste?

¿Por qué siempre te fui infiel y sin embargo aún me amaste? ¿Cuántas veces me perdonaste? No sé, fueron tantas que día a día, mi alma por ti se quebranta. Realmente me di cuenta que para ti soy importante. Para el hombre estaré atrás, pero tú me llevas siempre adelante. Cada instante de mi vida en mi corazón está grabado que me amaste sin medida como nadie aún me ha amado, que sanaste mis heridas y con misericordia me miraste. ¡Gracias a ti porque nunca me abandonaste!

Oración

Señor, verdaderamente no hay palabras para expresar lo que siento. Solo sé que tu misericordia, que es grande, hasta los cielos me alcanzó, y por cada día al despertarme estaré agradecido de ti. Gracias, Señor, por amarme tanto y porque nunca me abandonaste.

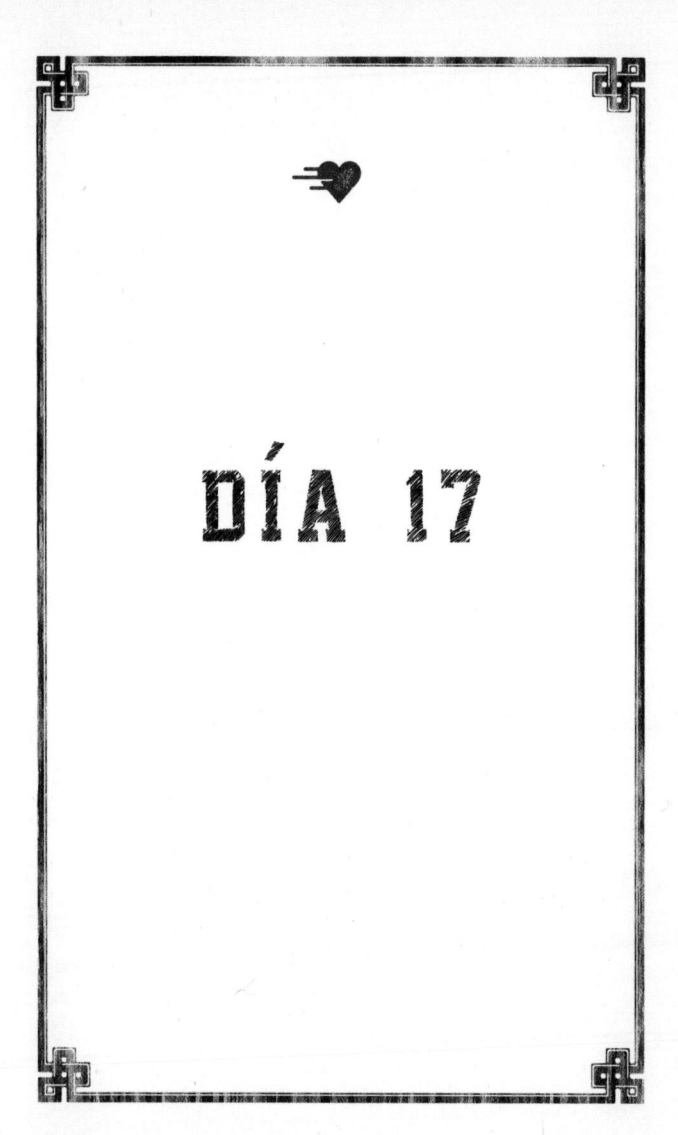

DÍA 17

Día 17

¡TÚ PUEDES!

"Bendito el Dios y Padre de nuestro Señor Jesucristo, que según su gran misericordia nos hizo renacer para una esperanza viva, por la resurrección de Jesucristo de los muertos" (I Pedro 1:3).

Nuestra vida fue creada para que cada uno de nosotros encuentre para qué fue diseñado, cumpliendo su propósito en la tierra. ¿Quién lo determina? Nosotros mismos. Ya te comenté que el entorno donde me crié fue muy complicado. La mayoría de los varones en mi familia habían estado presos, con problemas de drogas o alcohol. Mi mente estaba resignada a que mi destino era terminar así. Tomé muchas malas decisiones en mi juventud que como consecuencia me llevaron a tocar fondo, pero un día tomé la decisión de pensar diferente, siendo la única persona en mi hogar que visitaba la iglesia.

No fue fácil. Cuando llegaba al barrio, mis amigos se reían de mí. Mi hogar estaba cargado de problemas y aún así tomé la determinación de pensar diferente, aunque las circunstancias que me rodeaban no me decían lo mismo. Comencé a desarrollar ideas de fe y esperanza, trazando mi destino. Yo no quería terminar en una cárcel o estar esclavizado en el bajo mundo. Quería ser un joven diferente. Retomaba mis sueños dibujando mapas y visitaba la biblioteca de mi pueblo solo para ver los países que quería visitar cantando, llevando el mensaje de lo que Dios podía hacer en la vida de un ser humano. Al principio me eché a reír y estaba convencido de que ese joven soñador y triunfador no era yo. Miraba mi realidad y me frustaba; ya estaba cansado de vivir una vida totalmente vacía y solo de apariencias.

Entonces fue que decidí darme la oportunidad y dejar de vivir independientemente, y empecé a caminar de la mano de Dios, aferrado este pasaje bíblico: *"Si confesares con tu boca que Jesús es el Señor, y creyeres en tu corazón que Dios se le levantó de los muertos, serás salvo"* (Romanos 10:9).

Desde que tomé la decisión fui determinante. Ya no era aquel joven cabizbajo y vacío. Entendí que mi destino era triunfar en la vida y no ser uno más en las estadísticas de la vida obscura de la calle. Recuerda: *"Mas Dios muestra su amor para*

¡Tú puedes!

con nosotros, en que siendo aún pecadores, Cristo murió por nosotros" (Romanos 5:8).

Dios no mira nuestro alrededor. Nuestro padre no tiene distinción de personas. Si lo hizo conmigo, lo puede hacer contigo. Tú lo puedes hacer. Hoy por hoy, he viajado a 30 países, a mis 30 años de edad, llevando un mensaje de fe y de esperanza, gritando a voz en cuello sobre aquel que cambió mi destino para siempre: Dios. Él lo puede hacer contigo.

Desafío

- ¿Qué personaje eres en la sociedad que te rodea?

_____
_____
_____
_____
_____
_____

- ¿Por qué debes agradecerle a Cristo?

_____
_____
_____
_____

- ¿De qué te está protegiendo Dios?

Para ver mis contestaciones, ve a las páginas 137-138.

DÍA 18

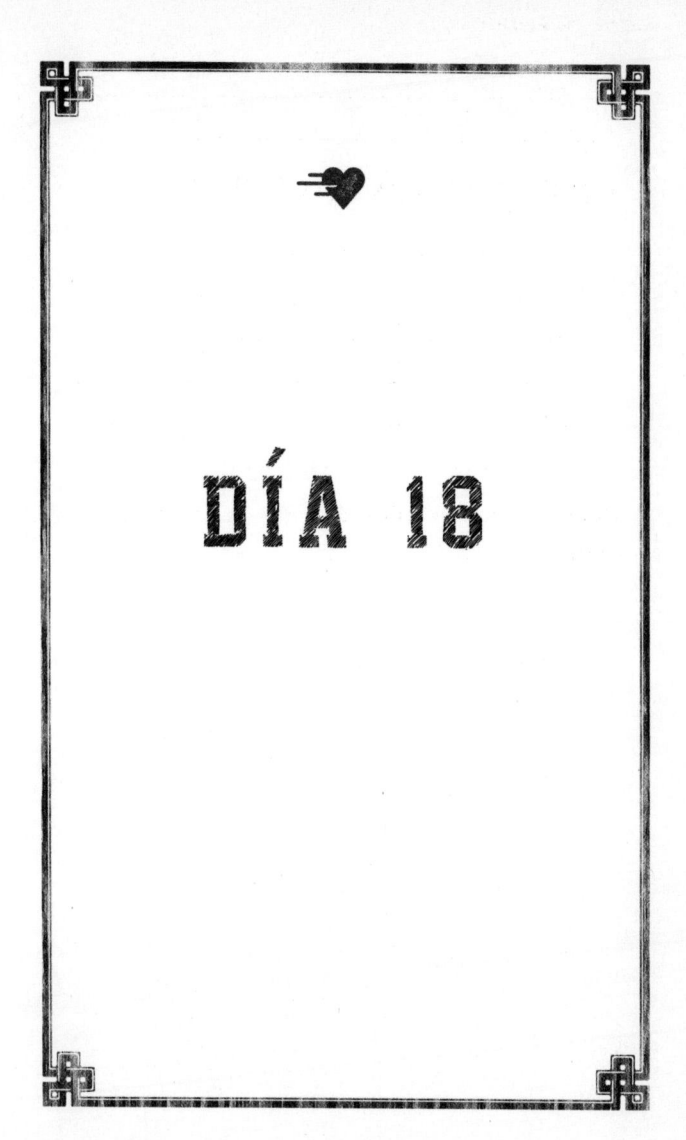

Día 18

CORAZÓN GENUINO

Han sido tantas las veces que me he preguntado, ¿por qué a mí? ¿Por qué entre tantos jóvenes de Puerto Rico Dios puso su mirada en un jovencito del callejón para llevarlo a las naciones? ¿Saben qué? Eso sigue siendo una interrogante que siempre tendré. Aunque no ha venido Jesús personalmente a contestármelo, ni un ángel volando del cielo, ya a través de varias personas que me han hablado he podido tener una idea que quisiera compartir con ustedes. Todo está en la motivación de nuestros corazones. ¿Qué es lo que realmente anhelamos dentro de nosotros? Porque tal vez alguien pueda engañar al líder de su congregación, a sus padres o amigos, pero a Dios, que conoce cada pensamiento, es imposible. Conozco a tantos jóvenes con unos talentos increíbles, pero la motivación de sus corazones no es la correcta. Piensan más bien en su beneficio personal, en el provecho que le puedan sacar al potencial que Dios les ha dado y no en el beneficio del reino. Hace años atrás, cuando apenas comenzaba mi ministerio, alguien me dijo estas palabras sencillas que atesoré y han sido de bendición para mí durante todos estos años: "Cuando tú te encargas de buscar el beneficio del reino, Dios se encargará de tu beneficio".

No es otra cosa que lo que nos dice su Palabra en Mateo 6:33: *"Buscad primeramente el reino de Dios y su justicia y todas estas cosas os serán añadidas"*. Este es un versículo poderoso y si la mayoría de las personas lo pusieran en práctica, definitivamente sus vidas no serían las mismas. Eso es lo que Dios quiere: que tus fuerzas, tu enfoque y tus pensamientos estén puestos en trabajar para su Reino; que tu corazón solo tenga ese deseo genuino de que su Reino sea conocido aquí en la tierra. Entonces verás cómo Dios te bendecirá grandemente. Cuando los jóvenes me preguntan cómo pueden llegar lejos y ser reconocidos, mi respuesta siempre será la misma: que su motivación sea siempre que la gente sepa lo que hizo Jesús en la cruz, que todos conozcan que hay una mejor vida en Cristo para que el Reino se siga expandiendo.

Corazón genuino

Desafío

Te reto a que leas estas preguntas. No tienes que escribir; solo que te lleven a concientizar. Cuando las leí, me ayudaron a buscar tener un corazón modificado para llegar a la meta que es conforme al corazón de Dios.

Los pastores Carlos y Brenda Alvarado nos dan ideas en su Manual Bíblico "Tocando el Corazón de Dios 1":

Confirma…

Cómo se encuentra tu corazón:

1. ¿Qué es lo que más atesoro en mi vida?

2. ¿Qué es lo que pienso cuando estoy a solas?

3. ¿Qué es lo que habla mi boca (de lo que abunda en mi corazón, habla la boca)?

Cómo llegar a tener un corazón íntegro:

1. No le ocultes nada a Dios. Sé honesto con Él, cuéntale los pensamientos más

íntimos de tu corazón, sé transparente (por ejemplo, pasiones juveniles).

2. Sé honesto contigo mismo; reconoce tus debilidades.

3. Confiesa tu pecado y apártate del mismo.[1]

---

1 Alvarado, Carlos y Brenda. Manual bíblico "Tocando el Corazón de Dios 1", p. 12.

DÍA 19

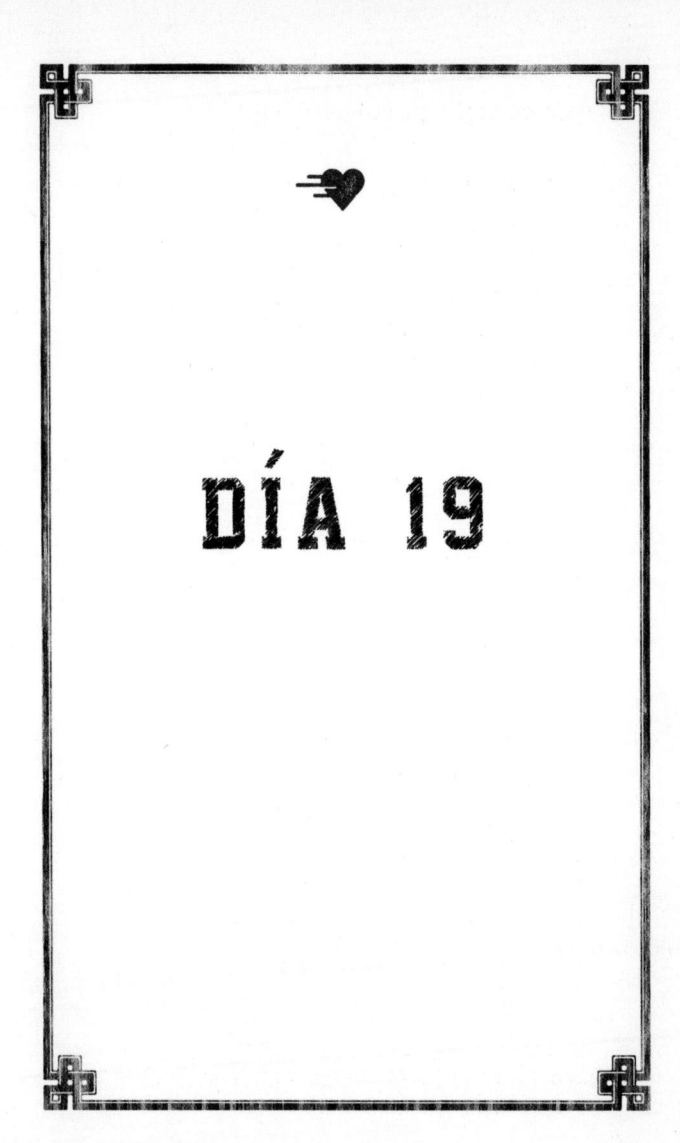

Día 19

ALABANZAS O QUEJABANZAS

"Mira que te mando que te esfuerces y seas valiente; no temas ni desmayes. Porque Jehová tu Dios estará contigo en dondequiera que vayas" (Josué 1:9).

Estoy sumamente agradecido de Dios con lo que ha hecho en mi vida. Trata de darle para atrás al tiempo e imagínate dónde yo estaría si no hubiera conocido a Dios…¿Por qué yo? Manny Montes…Todo lo que tengo, todo, absolutamente todo, se lo debo a Él; a Dios. *"Si Dios es por nosotros, ¿quién contra nosotros?"* (Romanos 8:31). Con Dios todo, joven; poniendo a Dios como prioridad en tu vida, vas a lograr grandes cosas. Por eso en este libro te quiero decir: usa lo que tienes para la gloria de Dios.

Dios está buscando un joven que se atreva a cambiar la historia de la nación. Un joven que acepte el reto. Me encuentro con jóvenes en las actividades y me dicen:

Joven: Manny Montes, es que Dios me dio una Palabra y yo le creo a Dios para grandes cosas, pero...

Manny Montes: ¿Qué estás haciendo para que Dios lo haga?

Joven: Ahh...yo sé que Dios lo va a ir haciendo (muy pensativo).

Manny Montes: Bueno, yo sé también que Dios lo va a hacer contigo, pero si pasas todo el día en el Facebook, en la Internet o practicando deportes...y no estoy diciendo que eso es malo, joven, porque yo tengo Facebook y no juego fútbol, pero trato de jugar otros deportes. Lo que te quiero decir, joven, es que cuando tú no pones a Dios en prioridad en tu vida, a Cristo #1 en tu vida, no pienses que Dios va a hacer grandes cosas contigo.

Otra anécdota que te puedo contar que me da mucha risa fue algo así:

Joven: Manny Montes, estoy orando por un trabajo. Llevo tanto tiempo sin trabajo...

Manny Montes: ¿Y qué has hecho?

Alabanzas o Quejabanzas

Joven: Es que me levanto a las 3:00 de la tarde... Me gusta dormir...

Manny Montes: ¡Muchacho! ¿Cómo vas a conseguir trabajo si te levantas a las 3:00 de la tarde?

Ante todo, tenemos que ser reales. Podemos engañar a las personas, pero a Dios no lo podemos engañar. Dios quiere que te rindas a Él por completo, que seas absolutamente de Él y entonces verás cómo Dios lo hará. ¿Qué le dijo Dios a Josué? *"Mira que te mando que te esfuerces y seas valiente; no temas ni desmayes porque Jehová tu Dios estará contigo en dondequiera que vayas"* (Josué 1:9). Dios va a estar contigo, pero nuestro Padre nos dijo primero: Esfuérzate y sé valiente. Porque queremos ver grandes cosas, pero no nos esforzamos. Declara: Esfuérzate y sé valiente.

Tenemos que tener una mentalidad de conquista; no de fracaso, de impotencia, ni de excusa. Hoy día veo muchas personas dentro de la iglesia, que en vez de decir alabanzas, mayormente salen de sus bocas "quejabanzas". ¡Qué difícil es ser pastor en estos tiempos al escuchar las "quejabanzas" diariamente!

Yo creo que en algunos años no muy lejanos la música en mi vida pasará a un segundo plano. Sé que mora en mí un llamado al pastorado. Al principio no lo aceptaba, pero en el año 2010 ocurrió una serie de eventos que me estremeció. Tuve que detenerme en plena promoción de mi disco *El Escenario* para obedecer la Palabra de Dios y realizar una gira para visitar las cárceles de mi país. Movilicé todo lo que estaba agendado previo a la promoción del cd para llevar el evangelio a las cárceles. Sinceramente no sabía, no tenía idea de la cantidad de cárceles que existían en mi isla de Puerto Rico. Visité más de 22 prisiones.

En una de ellas, al final de la actividad, uno de los capellanes oró por mí y contento con lo que se había hecho en la prisión con los jóvenes, me dijo: "Ya está muriendo el evangelista en ti y está naciendo el pastor en ti". ¡Uff! Dentro de mí creció una sensación extraña como si las venas que están dentro de mi cuerpo se agrandaran, la sangre fluyera muy rápidamente y el corazón me quisiera explotar. Así que tendré que lidiar en el futuro con las "quejabanzas".

Yo sé que las "quejabanzas" no dominan tu vida. Este es el día cuando debes tomar la decisión de cambiar tu mentalidad. Naciste para ser un conquistador sin importar las circunstancias ni lo que te rodea negativamente. Naciste para realizar lo que Dios puso en tus manos.

Alabanzas o Quejabanzas

He tenido la oportunidad de viajar a más de 30 países y ver en las iglesias a jóvenes con talentos excepcionales, lamentablemente sentados en las bancas del templo con sus talentos enterrados. ¿Sabes por qué? Tienen la mentalidad pésima de esperar a que alguien trabaje por ellos; que hagan algo por ellos. ¡Óyeme! Si tú no haces algo por ti, nadie lo va a hacer. Es hora de reaccionar. ¡Retoma lo que es tuyo, cava y desentierra tus talentos! Yo me moví en fe. Dios está buscando que te muevas en fe y le creas a Dios para grandes cosas. Amén.

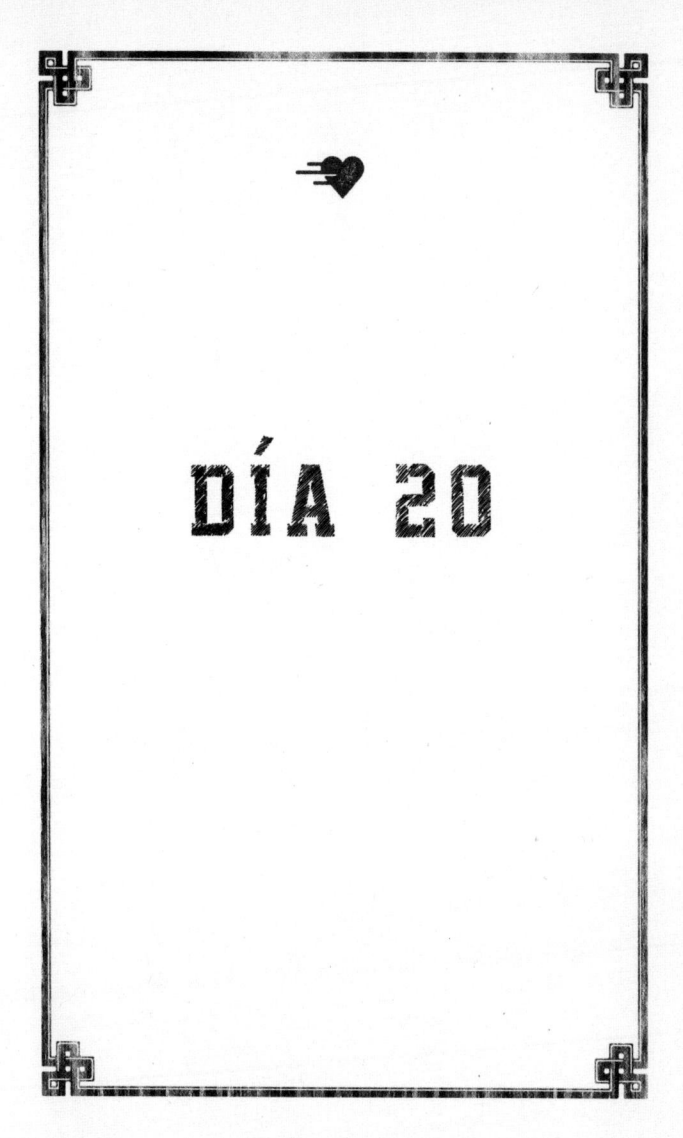

DÍA 20

Día 20

PROFECÍAS

ABRE TUS OJOS y mira a tu alrededor qué es lo que está pasando, cómo las cosas están cambiando.

Te estás preocupando por leer más los periódicos, ver las noticias a diario y te resulta irónico, ¿y por qué? Si todo esto ya está escrito, no se trata de ficción, de fábulas y tampoco de mitos.

Vendrán muchos en su nombre diciendo: "Yo soy el Cristo" y a muchos engañarán. Eso ya lo hemos visto. Se ven guerras y se escuchan rumores de otras guerras que se avecinan. Razón que pone en caos a los habitantes de la tierra. Terremotos dejan con furia países en sangre y por la falta de pan mueren niños a diario de hambre. Padres matan a sus hijos, hijos matan a sus padres. A lo bueno llaman malo y a lo malo llaman bueno. Son cosas aterradoras que tocan los corazones y esto solo ha sido el principio de dolores.

Profecías cumplidas, señales ya no restan, lo único que falta es que mi Cristo venga. Yo siento, ya es tiempo, todo se acaba, todo se está cumpliendo como dice la Palabra. Profecías cumplidas, señales ya no restan, lo único que falta es que mi Cristo venga. Lo siento, ya es tiempo, todo se termina. Así que abre bien tus ojos, pues se acerca su venida.

Él viene pronto, así que observa; no es coincidencia la destrucción de las torres gemelas. Por el terrorismo causante de graves cataclismos, ciudades fortificadas se van al abismo. Ya no es lo mismo que en los años cincuenta; el hombre desafía a Dios y la ciencia más aumenta. ¿Por qué no encuentro trabajo? Esa es la pregunta del día. La respuesta es que va bajando la economía. Mientras doce naciones se unieron formando un solo gobierno, una moneda, ¿qué más queda? Si ya todo lo hemos visto, acontecimientos que le abren paso al anticristo. De seguro ya nació y entre nosotros camina, vestido de muy buen hombre y con una mente asesina. Él solo está esperando el sonido de una trompeta, la cual anunciará su autoridad sobre el planeta.

Muchos están preocupándose por lo que está ocurriendo y libros de predicciones ahora se pasan leyendo, llamando al psíquico, buscando en la Internet a Nostradamus y la verdad la consiguen en Mateo 24. El pánico es la moda en estos días finales, por miedo a que haya bombas no van a los centros comerciales. No te montas en aviones por miedo a que se caigan y ya no abres una carta, porque puede contener ántrax. Son tantas las plagas, el cáncer, la droga y el sida consumiendo millones de vidas.

El amor se ha enfriado, escasean las sonrisas, lo mismo te dan la mano que de espalda te pisan. Así que analiza, esto no ha sido un aviso. Es tu problema, no el mío, si le haces caso omiso. ¡Reacciona! Porque ahora tienes la salida, dime ¿qué vas hacer cuando llegue su venida? Llorar, lamentarte como un tonto cobarde, tratarás de arrepentirte, pero ya será muy tarde. Lo que tanto se ha esperado surgirá en cualquier momento, así que abre bien tus ojos, porque ya se acerca el tiempo.

Reflexión

Repasa los acontecimientos de nuestra realidad. Ya estaban escritas en el libro de la vida. La Biblia nunca se ha equivocado en el pasado y no se equivocará en el futuro. Afirma ser inspirada por Dios: *"Toda la Escritura es inspirada por Dios y útil para enseñar, para redargüir, para corregir, para instruir en justicia"* (2 Timoteo 3:16).

Las profecías ya cumplidas son una fuerte evidencia de que Dios es el autor de la Biblia, porque cuando uno considera la verosimilitud de que lo que está escrito en ella se ha cumplido, sabemos que detrás de la Biblia existen un diseño y un propósito. Isaías 46:9-10 dice: *"Acordaos de las cosas pasadas desde tiempos antiguos, porque yo soy Dios; y no hay otro Dios, ni nada hay semejante a mí, que anuncio lo por venir desde el principio, y desde la antigüedad lo que aún no era hecho; que digo: mi consejo permanecerá, y haré todo lo que quiero"* (Isaías 46:9-10).

Profecías

TE PROPONGO ESTE RETO:

Busca la palabra y haz una introspección.

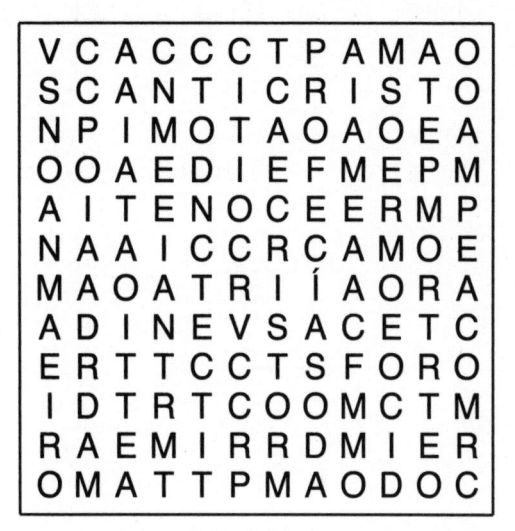

```
V C A C C C T P A M A O
S C A N T I C R I S T O
N P I M O T A O A O E A
O O A E D I E F M E P M
A I T E N O C E E R M P
N A A I C C R C A M O E
M A O A T R I Í A O R A
A D I N E V S A C E T C
E R T T C C T S F O R O
 I D T R T C O O M C T M
R A E M I R R D M I E R
O M A T T P M A O D O C
```

Palabras a buscar:

anticristo	ciencia	Cristo
doce	Mateo	profecías
reacciona	terremoto	trompeta
venida		

DÍA 21

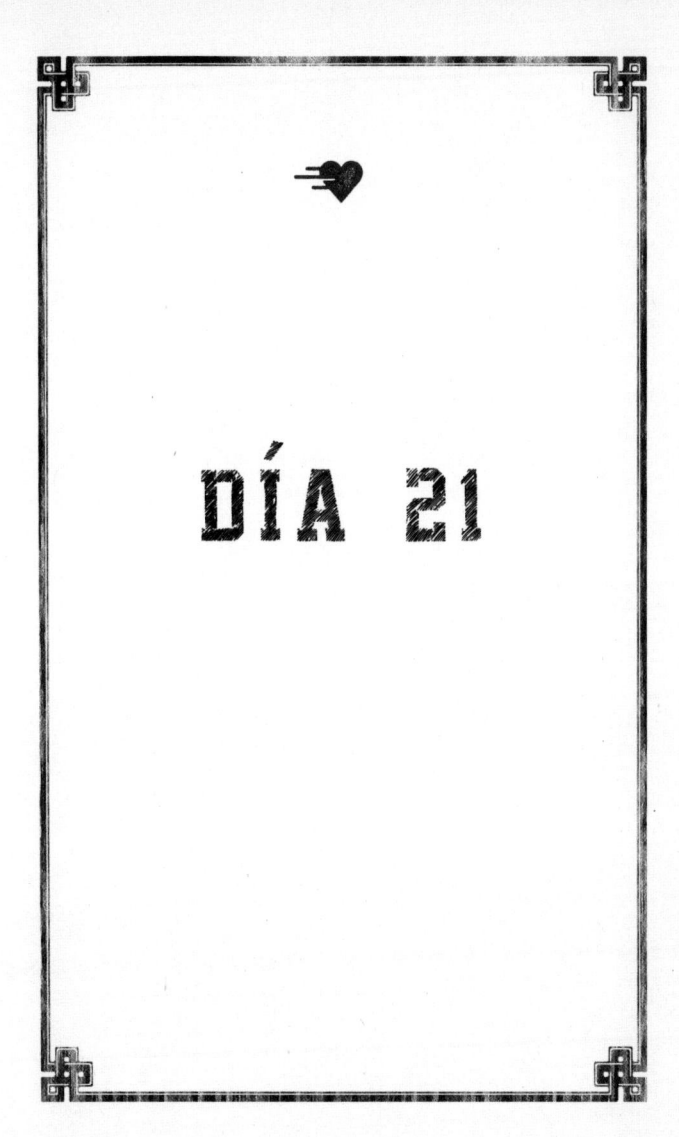

Día 21

TODO OBRA PARA BIEN

"Sabemos, además, que a los que aman a Dios, todas las cosas los ayudan a bien, esto es, a los que conforme a su propósito son llamados" (Romanos 8:28).

Todo obra para bien para los que aman al Señor (parafraseado). Al parecer, la mayoría de las veces que usamos este gran versículo bíblico es cuando las cosas no salen como desearíamos o cuando pasamos un momento difícil de esos que nos hacen flaquear la fe. A lo largo de mi vida, conociendo a Dios, he pasado muchos momentos en los cuales he tenido que aferrarme a este texto. Muchas veces han sido por situaciones que han pasado inesperadamente y otras por malas decisiones que he tomado, pero he aprendido que para todo Dios tiene un gran propósito.

En el momento que estoy escribiendo este capítulo, me encuentro en las oficinas de pasaporte en Miami, Florida. Estoy muy exhausto, ya que no he dormido bien, y con una mezcla de emociones dentro de mí que se me hacen un poco difíciles de explicar. Se supone que este momento estuviese en Buenos Aires preparándome para un evento en la noche, pero por cosas de la vida se me extravió mi pasaporte (¡ayyyy, cómo duele!) hace dos días, llegando de Paraguay a Puerto Rico. Créeme que en el momento que me di cuenta de que no lo tenía, casi me vuelvo loco, ya que sabía de antemano lo difíciles que iban a ser mis próximos días. Viré mi casa al revés pensando que podría estar ahí. Luego llamé a todos los sitios por donde pasé y nada. Fui al aeropuerto de San Juan, Puerto Rico hasta la oficina de mantenimiento y nada. Y ese fue el momento cuando me resigné a decir: "Definitivamente, perdí mi pasaporte".

En la noche me monté en el último avión a Miami con la esperanza de poder sacar el pasaporte al día siguiente y viajar temprano a Argentina, donde me esperarían una gran cantidad de jóvenes para alabar a Dios al ritmo del reggaetón. Llegué súper tarde y me levanté muy temprano. Una pastora, amiga del organizador del evento, llegó más temprano que yo para poder agarrar un buen turno, hice el primero en la fila, pero al no tener una cita previa, de nada sirvió levantarme tan temprano, ya que hice como el 40. Había mucha gente en Argentina y en Puerto

Todo obra para bien

Rico orando por la situación y yo, con mi fe inquebrantable. Le expliqué con lujo de detalles al oficial que me atendió. Literalmente le suplicamos una y otra vez, y las palabras que salieron de su boca fueron: "I'm sorry, but you can't make that flight" (Lo siento, pero no vas a alcanzar ese vuelo).

En ese momento, no sabía si gritar, llorar, correr, pero ya había hecho todo lo que estaba humanamente a mi alcance. Fue entonces que repetí esa gran Palabra de Dios, "todo obra para bien para los que aman al señor Jehová", y me resigné. Ya que tenía que esperar 6 horas en lo que preparaban el pasaporte, me fui con mi maleta al primer restaurante que apareció para comer algo. Llamamos al organizador, le explicamos lo sucedido, él amablemente entendió, pero eso no quitaba de mí la tristeza y la vergüenza de no poder cumplir el compromiso no solo con él, sino con toda la juventud que estaría en esa noche. Con este proceso entendí que ya no se trataba de mí, sino de lo que puede hacer Dios. Los jóvenes llegaron al evento esperando verme, pero se encontraron con el que me dio la vida y le dio significado, salvación, "el que me cambió mi lamento en baile" o a mi estilo con *flow*, "el que cambió mi lamento en música". No cancelaron el evento. Las personas escucharon la Palabra y tomaron la decisión de recibir a Jesucristo en sus vidas. Esto me llena más de gozo porque no se trata de mí, sino de Jesucristo.

Querido hermano, pasamos por etapas en nuestras vidas que a veces sentimos que todo nos sale mal; que cuando ya estamos saliendo del agujero, volvemos para atrás. Vemos muy lejano nuestro sueño, vemos las montañas cada vez más altas, nos enfocamos en decir que tenemos pocos recursos y ¿sabes por qué nos pasa? Para aprender a sujetarnos de Dios, dejar de depender de lo que vemos por nuestros ojos y confiar completamente en Él, dejando todas nuestras cargas y tribulaciones. Pasamos más fácil por el desierto si estamos agarrados de su mano, que sin Él. Debemos aprender a romper nuestros propios sueños y realizar los sueños de Dios.

¿No te has preguntado si lo que estás haciendo, lo que anhelas en tu vida son los sueños de Dios o son los tuyos? Aprendamos a vivir en comunión con Dios y solidificar nuestra relación, y verás que todo lo que realizamos al final obra para bien para los que aman a Jesucristo.

Esto no se queda aquí. Durante el período de 6 horas que estuve esperando para que me dieran el pasaporte, pasé un tiempo fuera de lo normal.

Todo obra para bien

En el restaurante donde estuve almorzando, vi a un hombre pidiendo dinero para poder comer. Se me desgarró el alma al ver su aspecto y decidí llevarle comida. Me senté junto a él, establecimos una conversación amena y a los minutos, no me van a creer, se acerca otro hombre, pero este tenía el cuerpo de un levantador de pesas. Tenía algo peculiar; era usuario de drogas, pero con cuerpo de luchador... Ahí yo dije: "Anda, este hombre está grande. Si me asalta o me quita mis pertenencias voy a tener que correr. Corría dentro de mí una tormenta de ideas negativas. Justo a tiempo llegó a mi mente de parte de Dios: "Háblale de mí. No necesitas un público grande para hablar de mí. Este es el momento".

No sabía cómo empezar, más porque las personas solo hablaban inglés y "mi English no very good looking". Me determiné a romper el hielo, me escucharon los dos y hasta me dejaron orar por ellos, realizando la declaración de salvación en sus vidas. ¡Qué satisfacción sentí! Y entendí que no se trata de lo que yo quiero hacer, sino de lo que Dios quiere hacer en tu vida. ¡Analízalo!

PALABRAS FINALES

SE BUSCA UN JOVEN

¡Joven! Cuando digo joven, me dirijo a personas menores de 99 años, así que todos nos consideramos jóvenes en Cristo. Viejo es solamente el diablo. Amigo(a), cuando tienes a Jesús en tu vida lo tienes todo. Solo tienes que darle todas las llaves de tu corazón, que tu corazón le pertenezca por completo. Hoy en día hay muchas personas que lamentablemente viven con tantas cicatrices marcadas y arrastran cosas del pasado, temiendo que sus sueños no se hagan realidad porque miran sus marcas y los paralizan. Me da rabia cuando hay gente que presenta a Dios como un ogro, como un Dios que está esperando que tú falles para castigarte con la vara…¿Cuál es la necesidad de presentar a Dios así, si todos fallamos? *"Por cuanto todos pecaron y están destituidos de la gloria de Dios"* (Romanos 3:23). *"Por tanto, no te avergüences de dar testimonio de nuestro Señor…"* (2 Timoteo 1:8).

Pero cuando tú reconoces tus faltas, pides perdón, entregas por completo tu corazón, Dios te va a perdonar. Al enemigo le encanta darnos cargos de consciencia de pecado para tratar de entretenernos, pero la sangre de Jesucristo nos limpia de pecados, joven. Dios, el Dios que yo conozco, que Manny Montes ha conocido, es un Dios de amor, un padre que siempre está por nosotros. ¡Él te ama!

Yo te voy a lanzar un reto en este día... A mí me encantan los retos. Cuando me decían que no pusiera más esfuerzo, lo ponía. Estoy buscando jóvenes que se atrevan a hacer la diferencia. ¿Habrá un joven que le crea a Dios para grandes cosas? Simplemente basta con creerle, no hay que hacer mucha matemática... Cree a Dios para grandes cosas y las hará. Te lo dice un joven a quien nadie le veía oportunidades, la gente en mi barrio se reía de mis sueños, y otros no creían en mí. Ahora este jibarito cuenta con nueve producciones discográficas y recién terminé la décima producción sin ninguna casa discográfica multinacional. ¿Saben qué? Creé la mía propia: *MM Afueguember Music* y he vendido más de 400,000 discos compactos.

Esto que he alcanzado no ha sido por mi habilidad, ni por mi talento, ni por mi lírica y ni como canto; no, no, no. Todo ha sido por su favor, por su gracia y su misericordia porque yo le creí a Dios. Si tú le crees, Dios te va a sanar, te va a dar lo que más tú anhelas, te va a dar tu negocio, el trabajo que

Palabras finales

tanto deseas, vas a terminar tu carrera universitaria. Lo que Él ha prometido para ti, el ministerio que te va a llevar a las naciones, Él lo va a hacer. Hoy soy testigo y una prueba de lo que Dios me ha dicho y ha cumplido.

Ahora, ¿eres ese joven que diga: Manny Montes, yo quiero aceptar el reto? ¿Yo voy a darle mi corazón por completo, mi vida va hacer dirigida por Dios, porque quiero ver el cumplimiento de su Palabra en mi vida? Si dices "¡Yo!", ¡Dios te bendiga! ¡Bienvenido!

Él quiere lo mejor para nosotros porque somos sus hijos.

ORACIÓN DE SALVACIÓN

En la vida, tenemos que tomar muchas decisiones, pero ninguna más importante como la de recibir a Jesucristo como nuestro dueño y Señor. Es por eso que si hoy deseas que Dios se haga una realidad en tu vida, solo repite conmigo esta oración, de todo corazón:

Amado Dios, te doy gracias por esta oportunidad que me brindas de conocer un poco más de ti. Hoy confieso que Jesús murió en una cruz derramando su sangre preciosa y resucitó al tercer día para darme vida. Perdona mis pecados, échalos a lo profundo del mar y nunca más te acuerdes de ellos. Escribe mi nombre en el libro de la vida y dame las fuerzas necesarias para seguir en tu camino, para ver realizado el propósito para el cual fui creado en esta tierra. En el dulce nombre de Jesús. Amén y gracias.

APÉNDICE

MIS CONTESTACIONES

Día 5: Mi escenario (viene de las págs. 26-27)

¿Podrá salir algo bueno de *Callejón del fuerte*? ¡Y de *Callejón del fuerte*, de lo vil y menospreciado por el mundo, saldrá una persona que se levantará con poder para impactar a aquellos que lo rodean y la Palabra de Dios se cumplirá para su gloria. Vamos, no tengas miedo, si ese eres tú, escribe tu nombre: Emmanuel Rodríguez alias Manny Montes el jíbaro, y créele a Dios que Él puede hacerlo. Así que no importa el lugar o la gente que te rodea, esfuérzate y sé valiente. Pon tu mirada en el blanco de la soberana vocación: Cristo.

Día 7: ¿Cuál es tu plan? (viene de las págs. 39-40)

1. Menciona cuál meta te has propuesto realizar en un año (ministerial, profesional, familiar o material).

Hacer mi disco número 11: *United Kingdom*, quisiera realizar concierto masivo en Puerto Rico, hacer concierto en las cárceles de Puerto Rico con un estilo diferente de lo acostumbrado, con tarima, músicos en vivo. En lo familiar, quiero tener mi segundo hijo y que sea una niña.

2. ¿Cómo te ves en 5 años (ministerial, profesional, familiar o material)?

Ser un mejor padre y esposo. En mi carrera musical, poder llegar a lugares que no he alcanzado, llegar a presidentes y alcanzar plataformas importantes para impartir la Palabra del Reino de Dios. Estamos viviendo unos tiempos difíciles. Quiero ser ese joven portador de buenas nuevas.

3. ¿Cómo te ves en 20 años (ministerial, profesional, familiar o material)?

Tener el centro de rehabilitación para personas adictas a drogas, ser pastor y disfrutar de mi familia con mis nietos. Ja, ja, ja, el tiempo pasa volando…

Día II: El maratón (viene de la pág. 63)

¿Qué no terminaste en tu vida que deseas volver a hacer?

Apéndice

Volver a estudiar, terminando el Instituto Bíblico con la licenciatura.

Mi listado de metas:

1. Retomar mis estudios en psicología y hacer mi licenciatura

2. Terminar mi propio estudio de grabación

3. Estudiar un curso corto de arte culinario (ja, ja, ja)

Día 17: ¡Tú puedes! (viene de las págs. 97-98)

¿Qué personaje eres en la sociedad que te rodea?
Soy un ministro de la música urbana del rap y reggaetón, llevando un mensaje diferente: el mensaje de salvación para sus vidas, que solo la da Cristo. La música atrae y la letra de la Palabra realiza el cambio.

¿Por qué debes agradecerle a Cristo?
Por todo lo que tengo y lo que ha hecho en mi vida. Todo se lo debo a Él.

¿De qué te está protegiendo Dios?
De todo lo maligno que nos rodea. Las personas no conocen que hay y suceden cosas en nuestro

mundo espiritual que nos afecta en lo terrenal, pero hay cosas espirituales buenas que nos protegen y nos visten con nuestra coraza divina.

Para contactar al autor:

WWW.MANNYMONTESONLINE.COM

(787) 949-2938

(787) 431-2453

MANNYMONTES@GMAIL.COM